郭维森先生纪念文集

莫砺锋 编

凤凰出版社

图书在版编目（CIP）数据

郭维森先生纪念文集 / 莫砺锋编. -- 南京 : 凤凰出版社, 2014.11
ISBN 978-7-5506-2050-6

Ⅰ. ①郭… Ⅱ. ①莫… Ⅲ. ①郭维森（1931～2011）—纪念文集 Ⅳ. ①K825.6-53

中国版本图书馆CIP数据核字(2014)第237562号

书名	郭维森先生纪念文集
主编	莫砺锋
责任编辑	韩凤冉　张永堃
出版发行	凤凰出版传媒股份有限公司 凤凰出版社(原江苏古籍出版社) 发行部电话025-83223462
出版社地址	南京市中央路165号,邮编:210009
出版社网址	http://www.fhcbs.com
经销	凤凰出版传媒股份有限公司
照排	南京凯建图文制作有限公司
印刷	徐州新华印刷厂 徐州市青年路公园巷2号,邮编:221003
开本	890×1240毫米　1/32
印张	8.25
字数	222千字
版次	2014年11月第1版　2014年11月第1次印刷
标准书号	ISBN 978-7-5506-2050-6
定价	40.00元

(本书凡印装错误可向承印厂调换,电话:0516-82328908)

郭维森教授（1931年9月2日—2011年8月7日）

郭维森的主要著作(一)

郭维森的主要著作(二)

胡小石教授指导读书(1954年前后)
胡小石(左),侯镜昶(中),郭维森(右)

陪侍中文系教师游玄武湖(50年代中期)
右1胡小石、右2方光焘、右4陈瘦竹、右5郭维森
左1周钟灵、左3王气中、左4黄淬伯

叶嘉莹教授(加拿大)来校讲学合影(80年代中期)
右1严迪昌、右2叶嘉莹、右3程千帆、右4郭维森

八十祝寿会（右莫砺锋，左郭维森）

主持硕士论文答辩会

参加博士论文答辩会

出席“第四届国际辞赋学术研讨会”（1988年10月，南京）

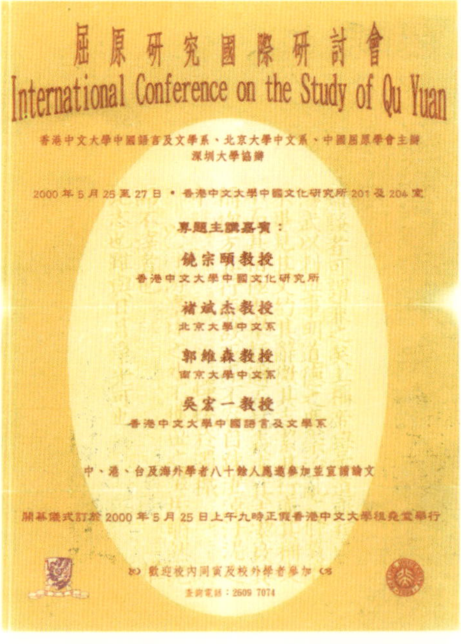

作为专题主讲嘉宾之一出席“屈原研究国际研讨会”（2000年5月，香港中文大学）

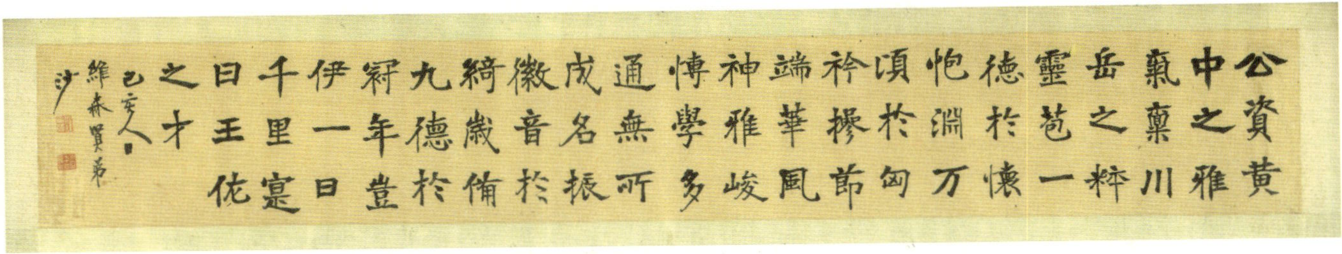

胡小石先生所赠墨宝（1959年正月初七）

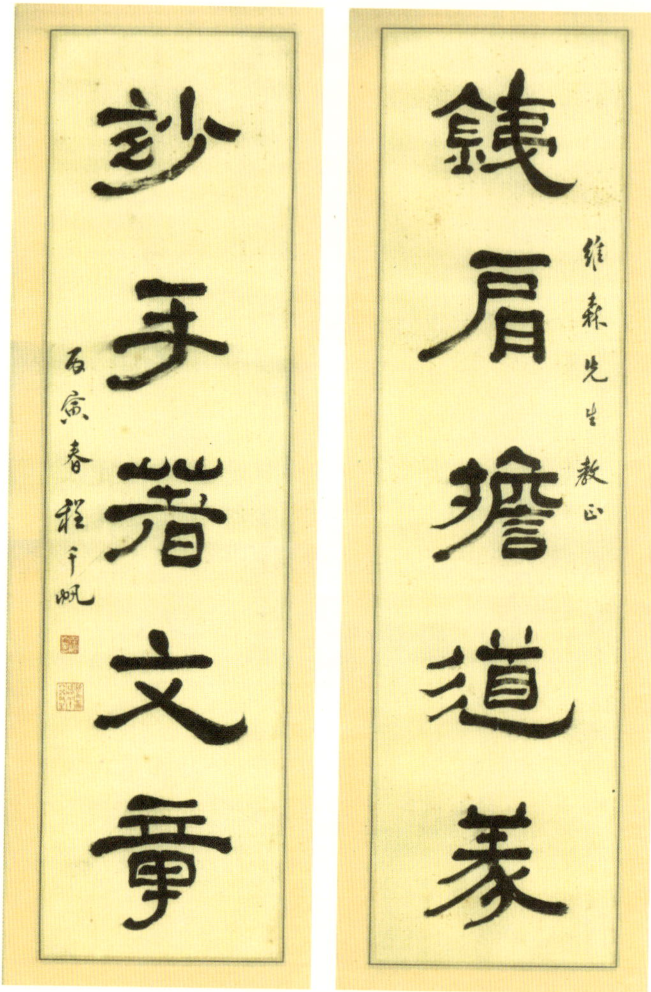

程千帆先生所赠墨宝（80年代中期）

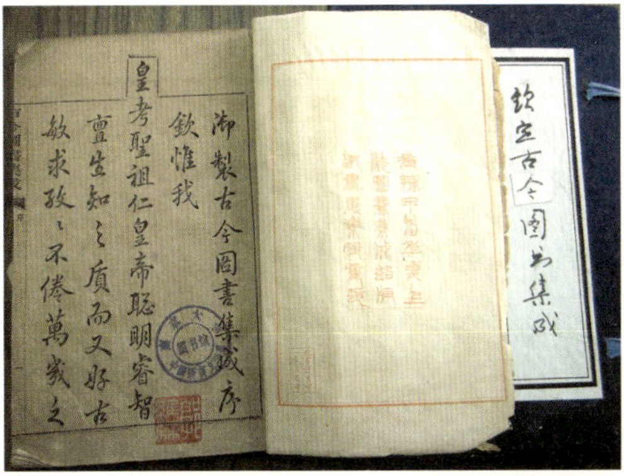

1953年捐赠给南京大学中文系的全套《古今图书集成》（清光绪十四年刊）

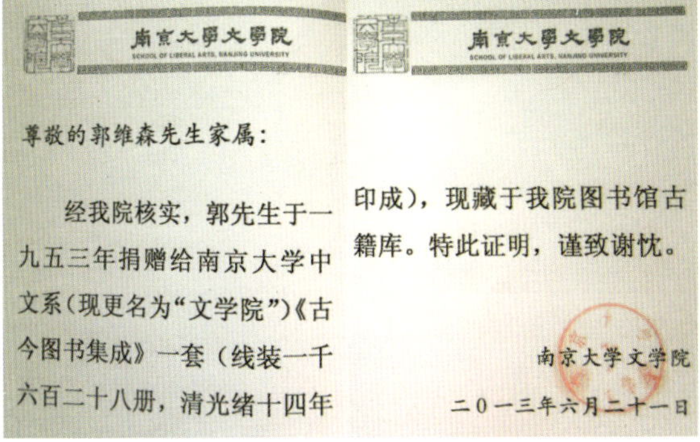

南京大學文學院
SCHOOL OF LIBERAL ARTS, NANJING UNIVERSITY

尊敬的郭维森先生家属：

经我院核实，郭先生于一九五三年捐赠给南京大学中文系（现更名为“文学院”）《古今图书集成》一套（线装一千六百二十八册，清光绪十四年印成），现藏于我院图书馆古籍库。特此证明，谨致谢忱。

南京大学文学院

二〇一三年六月二十一日

南京大学文学院给郭维森家属的捐赠证书

目　录

怀念诗文

学术评论

诗　联　画

附　录　一

附　录　二

序

莫砺锋(南京大学)

郭维森先生逝世以后,我们遵照其遗愿,丧事从简,也没有举行其他形式的悼念活动。郭先生为人淡泊谦逊,生前既视名利如浮云,身后也没有引起太大的关注。然而正如古语所云:“其所居亦无赫赫名,去后常见思。”尽管岁月流逝,郭先生的音容笑貌却始终存活在大家的心中。于是,郭先生的同事、朋友和门人不约而同地提笔撰文,或追忆郭先生的生平,或评述郭先生的业绩。郭先生的亲属也写了几篇缅怀逝者的文字。一年下来,竟已积累了三十来篇纪念文章,于是编纂一本纪念文集的事便自然而然地提上了议事日程。受南京大学文学院党政领导和郭先生夫人顾学梅老师的委托,我承担了编纂此书的任务,并请郭先生的入室弟子吴正岚博士当助手。经过几个月的努力,《郭维森先生纪念文集》业已编成。

本书的主要内容有以下两类:第一类是怀念郭先生的文章,作者包括两个群体:郭先生的亲属,郭先生的同事和学生。无论是出于何种身份的作者之手,也无论是长篇还是短什,这些文章都是具有真情实感的性情之作,它们既写到郭先生的读书治学和教书育人,也写到他的待人接物和日常生活。它们不像墓志铭或官方悼词那样面面俱到,严肃刻板,但都体现出修辞立其诚的精神。它们没有任何拔高逝者的溢美之词,却鲜活地展示出郭先生的可敬可爱。例如有好几篇文章提到郭先生在文革期间横眉冷对险恶的政治风波,还有几篇文章提到郭先生担任系主任时勉为其难地处理各种事务，文中没有多少褒扬的话，但是一位正直而有操守的知识分子形象栩栩如生。又如有几篇文章提到郭先生日常生活中的一些琐细的小事，例如他曾被同事、同学称为“郭老”或“郭儿”，他在人前说话动辄脸红，甚至还有文章用“扁脸”形容郭先生的相貌，事情并非嘉言懿行，语气也似不够庄重，但惟其如此，才是真实可信的本色文字。苏东坡在怀念文与可的文章中记述了文与可将别人求画的缣素投之于地且曰“吾将以为袜材”，以及读东坡寄诗而“失笑喷饭满案”等琐事，还说：“昔曹孟德《祭桥公文》，有‘车过’、‘腹痛’之语，而予亦载与可畴昔戏笑之言者，以见与可于予亲厚无间如此也。”我阅读这些怀念郭先生的文章，也有同样的感觉。逝者已矣，其生前的荣誉和身后的褒扬迟早会随风变灭，惟有人生轨迹中的真实过程才会凭借这些文字留存人间，也惟有它们才是长久存在于人们心中的真实记忆。

本书的第二类内容是关于郭先生学术成就的评论，作者大多是郭先生的弟子。这些文章都曾在学术刊物上公开发表，它们以实事求是的精神对郭先生的学术著作进行评述分析，公允、准确地指出了郭先生著作的学术价值。正因如此，这几篇评论文章刊布之后即得到学界的一致肯定，它们的论点也得到广泛的认可。可以说，评论中所体现的实事求是的治学风格，正是作者在郭先生指导下接受学术训练的结果。学术研究总是后来居上的，任何学术成果迟早会被修正或超越，惟有求真务实的学术精神和端正健康的学术作风才会薪尽火传，代代相传。所以这些评论不但表彰了郭先生本人学术研究的成就和特色，而且蕴含着郭先生培养学生时所传授的学术理念，它们凸显出郭先生身兼学者与教师的双重身份，从而具有双重的纪念意义。

本书的序次即按上述两方面的内容分为两辑，第一辑以郭先生的亲属所撰之文居前，其余则依作者年齿长幼为序。第二辑全依作者年龄长幼为序。此外，本书还收入了郭先生的生平纪事，郭先生逝世后收到的挽联、挽诗，以及郭先生生前师友相赠的诗画作品，作为全书的附录。

陶渊明《自祭文》有句云:“不封不树,日月遂过。匪贵前誉,孰重后歌。”郭先生曾将其译成语体文:“用不着起坟头、栽墓树,随着光阴逝去将被遗忘。既不看重生前的名誉,又怎会重视身后的褒扬。”陶渊明是大彻大悟的圣哲,郭先生也早已参透了生死。我相信,用本书中这些朴实无华的文字来表示大家对郭先生的追思,是非常合适的。

是为序。

受业　莫砺锋谨撰

2013 年 4 月 10 日

怀念诗文

家属的话

在维森生病、住院和逝世后，得到南京大学的各级领导和同事、亲友们的关心、帮助：病中探望、入院转院就医、后事的各项安排……每个环节都出现了温暖有力之手，恍如天助，家属对此感铭在心。

这本纪念文集有幸承这么多位学者、专家、老师、同事、学友、亲朋撰写怀念文章，提供各种帮助，又得莫砺锋老师亲自主持、吴正岚老师为助，共襄其事，我们家属衷心感到荣幸、感动和感激。

共同的对维森的怀念使我们相聚在这本文集。捧读篇篇文章，斯人往事、深情暖意、真知灼见……更加深我们对维森的怀念也启发我们对历史以及世事、人生的思考、认识。这一切都弥足珍贵。衷心感谢你们！

稚弱顽强　兄弟相携
（维彬兄、维森弟，
30年代后期在镇江）

幸沐春晖　双鹰振翅
（暑期回镇江在母亲身边）
（1953年夏）

鸿雁北归　兄弟欢聚
（1964年前后，北京）

手足之情　老而弥笃
（2005年，北京）

四世同堂（前排右至左:祖母韩征助,侄女郭南,母亲时储洁
后排左至右:嫂马茹英,兄维彬,表弟周乾,维森)(1957年,北京)

(祖父)郭礼征旧居
——镇江市文物保护单位

遥念中的父亲郭挹青
(1907年—1931年)

兄弟情忆

郭维彬(北京人民艺术剧院)

维森走了！但我近来一直在想的是他只是和我们小别一段，过几天就会有他的电话来了。但这一次是真的等不到了，他永远离开了我们。这是我心里最怕碰触的痛处，也就迟迟不想动笔。我患病多年行动不便，许多年来都是他来北京看我。这些年的联系就是电话中聊聊天，真想回到我们的童年时光，或者我们老哥儿俩能再坐在一起谈古论今。

每个人的青春都是追梦的记忆。祖父实业救国的梦想在镇江留下了我国第一个民营发电厂——“镇江大照电气有限公司”。他的“可持续发展”计划还有建设煤矿和镇江码头等，这些在今天都是全球投资热点的能源和物流项目，随着他的一场大病都只留在后辈的谈话中了。我和维森就游戏在爷爷的“难得糊涂”之中，他病后可以记得远期的事情，但眼前的事情就只限于天天见面的家人了。我们幼小的心灵也不知道他当时的人生感悟，是困顿还是大悟。但以他的道德学养和对社会、家族的贡献，他是德高望重的。父亲完成了在北京的学业回到镇江接承事业。不料就在维森出生后四十来天时，父亲被庸医把一场感冒治成了夺命的伤寒而撒手人寰。家庭的大厦塌了！这也是维森童年体弱多病的主要原因。

维森这个小病鸭子从小就养成了爱静不爱动的习性，我脑中时常闪现出维森坐在父亲从北京带回家的两个大书柜前静静看书的画面。父亲的两书柜书籍是他留给我们的唯一遗物，但却传承了我们家庭的文脉。母亲的私塾底子和维森的孜孜以求在这些泛着新文化的气息的一本本书中发现了他们共同的喜爱和情愫。对于这种文学青年和妈妈交流的幸福，我只是一个旁观者，我当时只对关老爷的青龙偃月刀和赤兔马感兴趣。印象中书柜里有鲁迅、巴金、徐志摩、冰心等人的作品，还有《三国演义》和《词絜》等。母亲和弟弟围炉话《红楼》的场景也出现在我儿时的记忆片断之中。维森小小年纪就对《红楼梦》的诗词有感悟，恐怕也是日后他走向文学研究的天赋之灵吧。

全国解放后我们中学也毕业了，我入北京师范大学读戏剧，维森则考入了南京大学中文系。从此我们兄弟俩多为南北鸿雁传书了。早年他来北大进修还有赴朝鲜途经，我们都曾在北京相聚在母亲身旁。

维森从小受祖父和母亲的影响，热爱文学且早慧。记得中学时他的作文就常被老师用作范文，我也常为弟弟自豪。家庭和学校环境的熏陶对一个有志研究文学的青年人的影响和激励是旁人无法想象的。想当年我们讨论大学院系报名时，维森非常坚定和明确地就选择了南大中文系。儿时祖父常告诫我们哥儿俩："志者士之心也"、"志不立，天下无可成之事"。维森发扬光大了祖训，再次让哥哥我为他自豪。

维森在南大成家立业。从学生到教师、从助教到教授、从丈夫到父亲的各种人生角色之中都有他热爱的文学人物身影。特别是历次政治运动和"文革"梦魇之中，他没有放弃他挚爱的屈原、司马迁和优秀的古典文学的研究。这在当时的环境中是有政治风险的。维森和南大的缘分和感情从早年捐赠镇江家中的藏书到他遗嘱中的后事安排都可以看到。

维森的学术和教学贡献我们无从评论，我们听闻到的多是对他人品和治学的称赞。他晚年虽体弱多病，仍笔耕不辍，出版（或自费印刷）了多部古典文学专著和文荟，使我们依稀可以听到他老去的身体里依然怦然跳动的文学青年之心。我们带着他的希望为他在亲朋中送发他的书籍。像祖父的志向、父亲的书柜和母亲的见识一样，文化的雨露润物无声，维森也一定是这样想的！

维森真的走了！他为自己的一生画上了圆圆的句号。我们开始用回忆与他单向交流，但在他的著书中我们听到了他的回音……

拨云见日——达观自信的你（1982年湖南滴水洞）

大海迎风——豪情不减的你（1999年浙江嵊泗）

洗砚斋中[①]——乐只君子（九十年代初在书房）

① 维森自称“洗砚斋主人”。

结伴此生（1968年3月）

庐山相随（80年代前期）

空巢相伴（2001年浙江南浔）

追　寻
——悼亡夫维森

顾学梅(南京大学)

维森,我的伴侣,走完了他普通而尽心竭力的人生之路,在他八十岁上。处处是他的印迹,呼唤却杳无回应。我只能循着他的来路与心路追寻。

1931 年 9 月至 2011 年 8 月,维森在世的八十年,经历了中华民族危亡、社会剧烈震荡和走向民族振兴的时期。他由一个纯正好学的青涩少年,成长为满怀抱负的热血青年,继而走向奋力、沉思的中年,和感悟人生、奉献余热的晚年。

一　起步人生——多舛而勤奋

维森出生于一个大家庭。祖籍皖北,在当地有一定声望,但并不富裕。祖父郭礼徵早年(1894 年)负笈南京,受到恩师张謇"工业兴国"思想的激励和大力支持,于 1904 年在镇江创建了江苏民营第一家电力公司"大照电气股份有限公司",时年二十九岁。但是祖父在四十多岁的人生高峰期,一场大病,使他失去了近期记忆功能,"大照公司"领导工作就由其三哥接掌了。

维森的父亲是独子,在北京学成回来不久,却于 1931 年因病误诊而亡,时年二十三岁。留下他老病的父母、二十四岁的妻子时储洁和两个幼子,长子维彬不满两岁,次子维森才三十多天。维森的婴幼儿时期就是在这样的家庭大变故的悲痛中度过的。

1937 年日本侵华战火燃烧到上海、江苏。为避轰炸,一家人扶老携幼避难外地，辗转上海和皖北老家、乡寨，历经困难、危险。直到1939年方无奈返回已沦陷的镇江家中，维森即插班入读小学三年级。不久，于1940年，日本占领者又借故强逼侵吞了“大照公司”，家庭失去经济来源。幸得寡母的倾力支撑，他与哥哥俩仍受到了良好的学校教育和家庭给予的传统文化道德的熏陶。

维森自幼体弱多病，好静不好动，这倒成全了他读书的爱好。最吸引他的是父亲生前由北京带回来的两大柜书籍，有徐志摩、冰心、巴金、鲁迅等充满“五四”新文化气息的作品。维森流连其间，常常忘了与小伙伴游嬉、休息。

家学对维森的成长有着相当的影响。祖父是清末秀才，有国学功底，虽近期记忆功能受损，但远期记忆尚好。他不时要为孙辈们讲孔孟之道，讲家训等，维森是他忠实的听众。母亲知书达礼，对两个儿子在品德操守上言传身教，在文化知识上给以启蒙。小小年纪的维森跟母亲有共同的文学爱好，母子二人闲时谈文品诗、论《红楼》。大家庭中，兄弟姐妹互换书籍阅读，一块趣谈小说中的奇侠；跟随大人看京戏后，回来自制戏装扮演京戏片段……维森生活的这个大家庭，物质生活并不丰足，但文化氛围是颇为浓厚的。

在小学语文课上，能读到一些古今中外作品，如《师说》(韩愈)、《卖柑者言》(刘伯温)、《留侯世家》(司马迁《史记》)，还有《寄小读者》(冰心)和《千人糕》(佚名)等。一天老师讲法国作家都德的《最后一课》，课讲完了，教室里出奇地安静，偶尔有哽咽声发出，那是孩子们对亡国之痛、爱国之情的共鸣。又一次地理课上，陈老师在黑板上画出中国雄鸡形的地图，含泪告诉孩子们，如今它是怎样地残失。为此，陈老师后来被抓进了日本宪兵队。老师崇高而悲凉的形象连同他们播撒在孩子们心中的爱国之情，永远留在了维森的记忆之中。

在这样的学校、家庭环境中，勤奋而颖慧的维森汲取着精神与知识的养料，萌生起文学的爱好。

当他升入初中后，这种爱好及才能开始显现。1946年，他的两篇习作先后在京口《东南晨报》的文艺副刊《学青周刊》上发表。

其中一篇《山野》描写秋色，寓情于景；另一篇《张老大》回忆故乡一位性格看似孤僻但对孩子们十分慈爱的老长工。由这一景一人两篇习作的文字和思想感情看，似已超越他十四五岁的小小年纪。

高中时，维森就读于扬州中学。这所学校师资力量强，教学方法好。维森仍偏好语文。他的第一篇作文的批语是“投登《扬风》”（《扬风》是该地方报纸的副刊），第二篇作文的批语是“愈见精纯”。课余时间，他喜欢阅读巴金、郭沫若、鲁迅等作家作品，还在附近书店租阅一些批判现实主义的名著《悲惨世界》、《安娜·卡列尼娜》等。而更引起他心灵震动的，是苏俄小说，如《母亲》、《毁灭》、《铁流》。他钦佩高尔基的寓言故事中青年丹柯的精神，丹柯掏出自己燃烧的心，作为火把，带领乡民冲出黑暗的森林，迎来自由，而后，他倒下了。维森开始思考人生的意义，产生了朦胧的对革命的向往。当解放战争的炮火不断推进时，他的一首小诗中曾有“血染江南麦浪红”的激情诗句。

1950 年高中毕业，他填报的高考志愿是中文系。这是他受到鲁迅、郭沫若、契柯夫等先贤的启示：“医学治疗人的身体，文学治疗人的灵魂。”

就这样，不幸而又幸运、勤奋而颖慧的维森，打下了思想品格和学识的基础，带着生活的激情和对文学的憧憬，在十八岁上，进入了南京大学中文系学习。

南大中文系是以培养教学科研人才为主要目标的。这里名师荟萃，课程丰富。维森在老师引导下接触了一些科研课题，开阔了眼界，培养起了兴趣。留校工作后，1955 年确定了“古代文学”为自己的专业方向。在其后几十年的教学、科研中，由他各类著述的文笔，或仍可见其“少年功夫”和志趣。

二　宝贵的年华——激荡与沉思

1951 年秋，进入南京大学二年级上学期，维森随系参加了皖北的“土地改革”——民主革命运动，开始懂得关注农村、农民。

其后各种政治运动接踵而至，大学又是所谓“知识分子成堆的地方”，更需重点“改造”。粗略回忆下来，截至“文化大革命”结束，二十多年里，波及大学的政治运动不下二十多次，其长短由数月至十年不等。此外还有各种劳动和训练任务。[①]

对于各次运动，只要学校安排了，维森都认真参加。土改后入了团，1959 年入了党。但渐渐地有同学批评他有“暮气”了。其实那是他思想上有了矛盾与困惑。比如，“反右”运动的先“放”后“抓”；大跃进自欺欺人的虚假夸大；“四清”运动搞了，而又似没有搞，难言成效；批判《早春二月》等电影，进而形成“一花独放”；批《海瑞罢官》导向政治斗争等。

又例如，“文革”中他曾参加一次毛主席天安门广场的接见。毛主席身着军装，站在敞篷吉普车上，在群众“山呼海啸”声中，一只手举起来缓缓挥动，俨然一尊伟大塑像。后来维森联想起普希金的长诗《青铜骑士》。一位小职员因彼得堡水灾而失去心爱的

---

① 1950 年至 1976 年，维森经历的政治运动主要有：

1950 年的“镇反”、“肃反”运动，批判“亲美、崇美、恐美思想”，其后的“参军参干运动”。

1951 年的“三反”、“五反”运动。

1951 年秋—1952 年秋的“知识分子思想改造运动”和紧随其后的“院系调整”(高等教育战线上的“政治革命”)。

1956 年的“批判胡风反革命集团”，“肃反”运动。

1957 年的“整风运动”，“反右斗争”。

1958 年的“交心运动”，“拔白旗插红旗运动”，“大跃进”(“大炼钢铁”等)。

1959 年的“党内整风运动”，“批判右倾机会主义”。

1964 年的“农村社会主义教育运动”(“四清”运动)。

1965—1966 上半年的高校教育制度改革，半工(农)半读。

1964 年以后的意识形态方面的各种批判(“文革”的序曲)。

1966 年 5、6 月—1976 年的“文化大革命”。

此外还有“三年困难时期”的种菜、开荒、挖煤、挖河、建大桥和林彪“一号命令”的大疏散等等。

人，痛苦中他来到城市的创建者——彼得大帝骑在马上的青铜塑像前，发出责难。但他话才出口，便觉有所亵渎，乃转身逃跑。随后便觉那铜像“嘚嘚”的马蹄声在紧紧地追赶自己。风雨中他拼命奔跑，却摆脱不了恐惧。那威严的塑像给小职员造成的巨大心理压力，就像一种宗教情结，一种精神的统治。而共产主义不是宗教，也不需要“神仙和皇帝”，但看来是越来越由权威走向神化。

“文革”期间，1971年初，维森被诬为“五一六”分子而隔离审查近一年之久。那年寒假我来南京探亲，当时我单纯地想：“相信组织总会把事情搞清楚的。”却没意识到问题的复杂性。

当时有两件事我印象深刻：

一是他的漫画像。我曾去中文系所在的筒子楼看大字报。其中有一张维森的漫画像：他身穿一件中式老棉袄，头戴一顶皱帽子，帽沿低至眉毛，双手抄在袖笼里。周边可见常用的警语：“顽抗到底，死路一条。”后来知道，有同事在动员他交代时，曾警醒他想想后果：一旦被“长期下放农村……你不会干活，又没有力气……”。维森自己也想像过发配农村：“受讥嘲，受辛苦而又生活无着的情况。”但他想，“管他的，大不了还有一死吧”。对维森而言，如果不说假话，不做违背良心的事就是“顽抗”，那前面即使是“死路一条”，他也别无选择。那低帽、抄手、缩脖的“倒霉相”，包含的却是一颗倔犟的心——倔犟地坚守正气和良心。

另一事是他的眼神。那时，隔几天会放他回来一次，常常是晚上。他一边吃着我给他留的热汤什么的，一边讲这几天审查的情况。在昏黄的白炽灯下，他往常那平和的双眼，却显得特别光亮，令我至今难忘。试想，面对日日逼审，维森既不能拒绝“组织的审查”，又不许申辩，而他又不愿说谎以自保，或乱“咬”别人。维森周旋于这样的怪圈中，精神能不紧张亢奋？许多事令他困惑难解，能不思索？从他那发光的双眼，我读到了他无言的内心。

在后来的审查中，一次他“交代”自己曾先后路遇另两位被审查的同事，简单地说过几句相互鼓励的话。他本想以此证明他们三人的坦荡。不料这却导致对三人的批斗都大大升级。他为此自责牵连了同事。他又联想到伏尼契的小说《牛虻》。小说主人公亚瑟出于对宗教的虔诚，向神父无意间说出了自己革命组织的秘密，酿成了大错。亚瑟从此与教会、与神父决裂。而令维森困惑的是，自己与亚瑟不同，自己面对的是共产主义先锋队的党，是自己的组织，谈不上泄密，说的又是很容易对证的事实，为什么越说真话越有罪？自己的忠诚向谁诉？

在清查"五一六"期间，一些熟悉的同事，在"学习班"对他批判、喊话。这引起他的反思，自己不也曾参加过对别人的清查会吗？他联想到《聊斋志异》中猕与狨的故事：狨的威力强大，众猕每遥见狨，即匍匐在地，任狨择猕之肥者，置石片于其头上，以备按石逐一取食。其余众猕庆幸逃脱一劫，一哄而散，却不顾及如此一幕此后仍会重演。维森想，比起众猕之因畏狨而安为"鱼肉"，"文革"中的"人"却是"鱼肉"、"刀俎"角色变幻，甚而同根相煎。除了少数人别有目的，就一般群众而言，盲从、麻木、自保等心理状态，成了"运动群众"这一法宝得以大行其道的土壤。

他的困惑与思考触及了一些根本问题，虽然还是零散的、初步的。

在那样的年代，维森度过了他生命中应是最富活力的宝贵阶段，与同时期的一两代人一样，付出了巨大的牺牲，令人唏嘘。不过，也就是在这时期，他由激情到困惑与思考，由初步觉醒，逐渐走向成熟。

八年多后，1979 年 2 月 19 日，中共南京大学委员会发出了《关于郭维森同志"五一六"问题的平反决定》。决定说："南京大学的清查'五一六'完全是一个假案、冤案。""现宣布为你平反，恢复名誉。"时隔九年，冤案才得以昭雪，但许多问题仍是一个谜，抛给群众的就只是个不了了之。

"文革"运动过去了，但人们关于"文革"的思考没有终止。

三十多年后的 2001 年，维森撰写了《风狂雨骤读鲁迅》一文。鲁迅当年似已预见"文革"的种种问题，并给予了深刻、尖锐的批判。这给人们审视"文革"以有益的启示。

后来，在维森离世前的一年多，他撰写出版了《逝水滔滔 心路遥遥》（包括《噩梦醒来是晴天》）一书，记录下自己在那巨变年代，特别是“文革”时期的所经所历，所思所想。虽只是个人的角度，但“一花一世界，一叶一乾坤”。关于这一题材，有人曾委婉地对他说：现在提倡和谐，过去的事不提了，也讲过了，巴金的主张人们未必赞成……但维森坚持写成此书，并设法出版了。他借用陶渊明的话“今我不述，后人何闻焉”，他是在尽自己的历史责任，“让后世永远不忘这一段惨痛的历史教训”，“不让历史重演”。他在书的最后说，“我拥护巴金先生（关于“建立文革博物馆”）的主张”，留下这些记录就是“以供有形的或无形的‘文革博物馆’采集”。维森关于“文革”的思考，超越了个人的得失、恩怨。

三 执着地追求——使命感与热爱之情

维森生活的中心可以说就是“书”：读书、教书、写书（文章）。

维森留南大中文系任教后，1955 年确定以“古代文学”为专业方向。他先是着力于先秦两汉文学，特别是楚辞，后及先唐、唐宋文学和辞赋。而传承、弘扬我国优秀的古代文学为现代社会所用，这一观念在维森脑中也逐渐清晰和深化，成为他六十年教学、科研、普及工作的指导思想和目标，也是他情感之所系，为此他执着追求，直至生命终结。

“文革”以前，虽然政治运动不断，但教学还是断断续续进行的。当时中文系名师胡小石、陈中凡、汪辟疆、罗根泽、方光焘、洪诚等先生都上一线教课，维森有幸得享如此知识盛宴。留校后，因工作关系，直接地受到方光焘先生、洪诚先生的指导、教诲。1963—1964 年维森去北京大学中文系进修，有幸得楚辞专家游国恩为导师，并选听多位名师的课程，进一步开拓了视野，学到许多知识和研究方法、教学方法。此是后话。

在南大，对他影响较深的有胡小石先生。大学期间维森听了胡小石先生的《中国文学史》、《楚辞》、《工具书使用法》等课程。胡先生知识渊博，讲课内容丰富，重视因材施教。其治学方法、态度更给学生很大启迪。1955年，被安排做胡先生的助教后，除辅导本科生，还随研究生听《说文部首》、《甲骨文例》等课程，并有更多机会聆听胡先生教诲。维森专业方向的选定，有他自身认识和知识积累的因素，也与老师们的鼓励、默化潜移的影响分不开。师恩难忘，胡先生1962年病逝后，维森陆续有怀念文章发表，并担任纪念文集的编者。

年轻的维森在担任胡先生助教后，作为起步，1956年撰写并于1958年发表了论文《〈左传〉的思想内容与艺术方法》等三篇文章。于1959年出版了《屈原和楚辞》一书。

而随后发生了古代文学研究界的一桩小小“公案”，对维森产生了一定影响。

1960年前后，维森担任《光明日报》副刊《文学遗产》的通讯员。当时副刊上有文章说古代文学作品的社会意义日趋缩小了。维森对此有不同的看法，于是写了一篇短文《古代作品的社会意义缩小了吗?》。文章说:优秀的古代文学作品从其接受的广泛性、理解的正确性、价值的开拓性来看，其社会意义非但没有缩小，反而是扩大了。他强调，“要认真地分清精华与糟粕”，“要发扬优秀的文化传统，要使古为今用”。并说，“优秀的文学遗产必将发挥更大的作用，必将获得更大社会意义”(该文收于郭维森《零敲碎打集》)。

此文1960年4月在《文学遗产》上发表后，却被引向了“讨论”，实为“批判”。有的甚至扣帽子说该文章是“为修正主义鸣锣开道”，是“复古思潮泛滥”等。而维森在发言中则说，对待古代文学作品，既要反对盲目崇拜、厚古薄今，也要反对盲目排斥、虚无主义。这实是有所指的。在“讨论”期间，面对复杂的形势，年轻的维森感到迷惑之时，一位尊敬的前辈和领导意味深长地提示:“你呀，是想挽狂澜于既倒。”

执着的维森在其后没有停止对上述关于古代文学作品的现代社会意义、作用问题的思索、探求，事实上他已将传承和弘扬优秀的古代文学、使之为现代社会所用,作为指导思想和目的,融入自己的教学、科研和普及工作中。

他对此问题有特别论述的文章,如 1981 年 3 月在《文学遗产增刊》(十五辑)撰文,1998 年在台湾《中国国学》(第 26 期)撰文,2000 年 5 月在香港“屈原研究国际研讨会”发言等,都阐述或强调:优秀的传统文化对推动新文化的发展,对增强中华民族强大凝聚力、强大生命力,有着巨大影响,这也是我们要大力弘扬的。

而他 2006 年发表的《古代文学的现代意义》一文,则进一步着重阐发了这一思想,被学界视为理解和把握维森“学术精神和价值追求的一把钥匙”。维森在文章中说:中华文化传统中,最活跃、最具影响力的,首推文学。古代文学的精品是民族文化、民族精神的重要传承。它不仅在古代,即使在现代,也可以通过思想的启迪、审美的感召、精神的共振,对精神文明建设产生积极的影响。文章由四个方面对问题作了较全面的阐述后强调:我们在科学技术和经济发展的同时,不能忘掉自身思想文化素质的提高。在这方面,优秀的文学遗产是可以发挥重要作用的。后来维森的论文自选集也以此篇名为标题。

2007 年,他更在《图说中国文化基础》(合作主编)的“前言”中强调:(优秀的)传统文化“树立了民族文化的主体地位”,“确立了吸取、融合外来文化的基础”,“是发展民族新文化的逻辑起点”。从而坐标式地标示出,(优秀的)中华传统文化的基本定位、意义和作用。

“文革”期间,他时有“虚度年华”、“无所事事”之叹。文革后,1977 年他奉派去朝鲜民主主义人民共和国“外文出版社著作局”做中文译本的校阅工作。一行三人,组长是一位复旦大学教授。两年多后结束工作,才回校重拾他的古代文学专业。这时他四十七八岁。那“盛年不重来,一日难再晨”的紧迫感时时鞭策着他。

其后他继续从事先秦两汉文学的教学、科研、指导研究生的工作。科研方面,出版《屈原》(1979 年 2 月)、《司马迁》(1982 年)、《风韵高标的〈楚辞〉》(合作,1995 年)等,并撰写论文数十篇。

与此同时，他的教学、科研范围进一步拓宽，他参加了集体培养唐宋文学和先唐文学研究生的工作，开设相关课程，并发表文章多篇。其中对杜甫和陶渊明等着力较多。

他合作撰写、出版了《陶渊明集全译》(1992 年)、《中国辞赋发展史》(1993 年交稿，1996 年出版)。

这期间还合作主编出版了有关中国古代文化的普及书籍三种。1991 年开始，与同事合作编写古代文学教材《古文类选读本》(1999 年出版)。

上述有些工作是他担任中文系主任“双肩挑”时进行的。

维森 1987 年被评为教授。被誉为“著名文史专家”。生前曾得到一些荣誉，他均淡然以对，即使对家人也极少提及。他去世后，我从他留下的零散资料中汇集到的如：

1993 年 10 月被授予中华人民共和国国务院颁发的“政府特殊津贴”证书。

他的学术研究，在国内外具有一定影响，受到学术界重视和好评。其教学科研成果(单独和合作)数次获江苏省人民政府社会科学奖等。有的文章为学术界评介或引用，《人民日报》、《文汇报》等摘要报道；有的由《中国古代近代文学研究》(中国人民大学报刊复印资料)全文收录；有的著作传到海外、境外，或出译本，或出繁体字本，或被引用，或有同行来函予以好评。

他是“中国屈原学会筹备委员会”委员，1985 年成立大会时当选为理事，1990 年当选为副会长，2002 年聘为顾问。

他被录入《英国剑桥国际名人传记》(1989 年)及国内多种名人传记等。

我记得他曾对我说过，1959 年他的第一本书《屈原和楚辞》出版，1982 年他“文革”后第一本书《司马迁》出版，曾先后受到胡小石先生、程千帆先生的鼓励和肯定，并受赠墨宝。

至于职称、工资报酬、头衔等，从没听他议论过，大概也被列为“名缰利锁”了吧。

维森曾得知其《屈原》一书由日本学者译成日文，于 1984 年出版,而其事前事后并未与维森联系。又曾听说,台湾某出版社将维森的《屈原和楚辞》一书署名“本社编”,收入其《楚辞汇编》。对这些,维森均没有试着去究其缘由。能对文化交流,对传承弘扬中华文化有益也就是了。

1995年他退休了,时年六十三岁半。其后他照样地忙碌着,参加一些研究生工作,继续参加古代文学教材《古文类选读本》的编写工作。科研方面,出版了著作《屈原评传》、《诗思与哲思》、《司马迁》,主编了《文史学家胡小石》一书,主持完成了国家教委项目《中国辞赋发展史》(合作)等,并撰写、发表文章三十余篇。他诙谐地说:“年虽日长,却不愿‘坐以待毙’。”

其实这期间,他的身体状况已逐渐下降,1997年一目失明。2005年起,数次骨折,需拄杖而行。2009年又患难治之症,呼吸日益困难,长时间依赖吸氧。就在其后一年之中,他撰写、编辑出版了回忆录和论文自选集、诗文自选集等三本书,撰写了数篇札记和诗歌。这是他最后的告别了。

维森的学养始自少年,半个多世纪以来主要从事古代文学的教学和科研,他的学生遍及各地、多个领域。出自他手写发表的著作、文章(合作部分不计在内)约三百多万字,可以想见其读书、研究的功夫。这些成果,主要是科研著述和教材,也有普及性的读物。他的杂感、随笔,不少内容是关切社会现实,以古鉴今。关于普及工作,他写道:“能为宣传祖国文化贡献微薄之力,在我是很高兴的。”

2011年4月下旬的一天上午,和往常一样,维森在书桌前靠坐在转椅上,吸着氧气读写。过了一阵,说:“唉,写不动了……”无奈地放下笔,虚弱地躺下了,桌上留着他未写完的稿子……与春蚕不同,维森他“丝”(思)未竭,而“力”已尽了!维森,你无须有憾,你尽力了。

后来,在五月份住院后,他要我送去一本《宋词选》,可以背背、看看。一天他说:“‘明月几时有’(指苏轼的《水调歌头》)少(背)了一句。”我说:“我来唱给你听。”听着听着他说:“唔,有了。”其后我给他摩胸顺气时也常为他小声哼唱,他可以闭上眼平静一会。往年的中秋夜，我们会去校园边赏月边背苏轼这首词，体味它的幽美和哲思。此时却别是一番滋味了。

我们中华民族辉煌的古代文学代有传人。使命感和热爱之情，令他们高举传承和弘扬的旗帜奋力不止。维森算是其中小小一员吧。

维森，你选择了古代文学专业，而且首先选择了看来枯燥而艰深的先秦两汉文学，并以楚辞、辞赋等研究为着重点，孜孜数十年，作出贡献。我懂得你为此付出了怎样的心血，我敬重你！但是，你在执着的追求中，面对厚重的传统文化和并不轻松的现实，如果能多一点“放松”……如今，这愿望只能化作对你遥远的祝福了！

四　简单的生活——平实而淡定

维森平日里，除了上课、上班或会议活动等，每天饭后自泡清茶一杯，便坐下来沉浸于读写之中，只偶尔站起来如厕或添开水。如果那天有杂事相扰，到晚上就会轻轻叹口气说：“一天又过去了！”

平时他的运动就是下楼去开信箱、校园散步、逛书店。他会唱歌唱戏，音色低洪，可惜历经沧桑，他已很少一展歌喉了。而欣赏大自然音乐、吟颂诗词、阅读多种报刊、涉猎各类书籍是他调剂用脑的方式。早年他读过不少古今文学作品、武侠小说，兴趣一直保留下来。每晚收看电视新闻外，对有的历史题材、武打、谍战节目也有兴趣。但总的说来，他静多动少，我的打油诗说他“无须刺股股茧重”，所言非虚。

穿衣，他从不注意好丑，家里给张罗什么就穿什么，喜欢简单自在。记得婚后我来南京探亲，他穿的一件蓝帆布长裤，两条裤腿有色差，那是他家人用买到的零头布凑成的，温暖蔽体已属不易了。大约八十年代中后期了，一天他上街，我让他买件汗衫回来，他说：“可以，给我点布票。”我大吃一惊，停用布票已多年，他还是老黄历！

吃饭，吃我这“二把刀”做的饭菜也很满意。他眼拙手慢牙不好，在家边聊边吃享受个悠闲自在。2010年闲暇中还不无幽默地写了一张“郭家菜谱”，上面列着他爱吃的我的“拿手菜”。只可惜那以后他渐渐地吃不下去多少了。我就给他调制营养糊糊，少而精地做点他爱吃的菜。

住房，改革开放后，一家三口由十一二平米的一间房，搬入一套二居室，真有一步登天之感。后来，因为留恋南大校园，靠系里近，方便就医，我们在南秀村这六层楼上未经装修的三居室一住二十多年。对维森而言，阳光好，有书房，干干净净就好，爬楼还锻炼身体呢。直到他拄拐了，爬楼吃力了，我们就在小区内另租住了一小套电梯房。但他在体力可能时，仍不时回六楼家中看看——他舍不下他的书、他的“巢”，有如一只工蜂。

他不谙经济。平时除买书、买文具、寄邮件之类，很少花什么钱。家用多少他不过问，敬友爱亲他很欣然。他不会也不想理财，余钱往银行一存了事，工资多少，利率高低他并不大明白。他说“钱是身外之物”，对“折腾”钱是懒于用心的。

原来我们打算，一旦生活不能自理了就去住养老院。但没想到，他这么快就先我而去，生活从此失去了颜色。

在他生前我曾埋怨他不关心家事，还有点“不识人间烟火”。现在静静地回想，他在生活困难时没有埋怨叫苦，生活好了也没想要奢侈享受。他有自己的精神生活和事业追求，有自己的快乐。于是“心安身自安”，物质生活也就无所谓了。这生活上的平实、淡定与他事业上的执着追求相交融，算是一种“境界”和大气吧。

五　蕴藉的真情——品而后甘

维森不善表达感情，但品味起来，真情无处不在。

他对南大中文系有着深厚的感情。六十多年的南大生涯，风雨朝阳，处处“著履痕”，南大已成为他生命之所系，“一花一树总相亲”（维森《校园书怀》诗句）。2010年9月10日，南大文学院为他举行八十岁祝寿会，他发言说："如果说中文系是百年老店，我就是这百年老店的小伙计。"深情溢于言表。他心系南大，1953 年，征得母亲同意，捐赠了一套爷爷的藏书给中文系。他去世后我想起这事，从周老师处打听到，是清代大型类书《古今图书集成》(清光绪十四年版)。

他处事以公。例如"四清"运动时他担任小组长，坚持实事求是，不搞过火斗争，宁可因"成绩"平平，挨批受埋怨。

他待人以平。他相信"在底层确实存在奇才异能之士"，"三人行必有吾师"。尊重对方、扶持新生力量，对他而言是很自然的事。在他担任行政职务或教师、导师时，总是尽力做到。

他关爱学生，喜见青胜于蓝。与学生亦师亦友，学生毕业后，无论在本地外地，情谊不断。

他交友以真。与老朋友老同事推心置腹，在家在外从不论人短长，忠厚可信。淡淡的君子之交，包含着真挚的感情。

一位老同事 1957 年所写一篇鸣放文章，被《人民日报》和《内参》转载，震动高层，被打成右派，下放不知何处二十年。"文革"后 1978 年方得落实政策，安排在另一城市师专任教，孤单一人，终生未娶。其后，维森及系里老同事与他时有往还。老朋友 2001 年起生病，2003 年去世。其间，维森去其家、单位、医院看望。2005 年，维森写《悼刘锦》文并诗，刊登于南京大学校刊的副刊《南苑》365 期，情真意切(其中所引刘文的题目与网上所载有不同)。

维森老来行动不便了，与亲友书信和电话交往是生活一大乐事。他最后住院时，还抄了不少电话号码带上。

维森对家人有着浓浓的亲情。维森父系和母系的亲戚分散在镇江及其他地方，多年来，一直有电话、书信往来，或前往看望。母亲是他最牵挂的人。母亲时储洁出身大户人家，知书达理，善良而坚强。二十四岁丧夫，独力承担起奉养病弱二老，抚育稚幼二子的家庭重担，历经动乱与艰辛。维森少年时便懂得体贴母亲的艰难。母亲到北京后，维森假期常回去看望。1980 年当生活开始好转时，七十四岁的母亲却得了重病，维森赶回北京守护病榻旁至母亲病终。2006 年 3 月，维森撰写了《追念与追悔》一文，感念母亲的大爱、深恩，为自己无以回报遗憾终生(文见维森《零敲碎打集》)。

维森与哥嫂手足情深，对两个侄女及侄外孙十分疼爱。哥哥多年因病行动不便，维森自 2005 年有病后也就未曾远行。京沪高铁开通后，我曾想待维森病情稳定后，陪他去北京相聚，不料竟成泡影。2011 年维森重病住院时，一天他突然惊醒，孩子似的大哭起来，说："我哥不在了，我哥死了！"这是母亲去世以来唯一一次见他这样大哭。我说："谁说的，我马上打电话。"听到电话中哥哥的声音，他平静了下来。维森去世，他哥哥因病不能亲自来南京，大侄女夫妇代表全家专程由北京赶来送别。在哥哥家里摆放的维森遗像前，鲜花、绿叶不断，兄弟手足之情，令人心伤。

维森对女儿可谓舐犊情深。女儿生性快乐开朗，给这个家带来了活泼生机。女儿三岁前日托在附近居民家。一个雨天他去接女儿，他动作不灵活，打着伞抱着女儿下台阶时，滑倒了，女儿却被他双手托着，安然无恙。小小的她记住了这事，以后常用稚嫩的南京话念叨："刮风了，下雨了，爸爸跌倒了，啪！"天伦之乐充满父女间。

那时物资供应匮乏，孩子才满周岁就停止供奶，感谢同事设法匀得奶票相赠。我们每天来回约四十分钟到"坡顶"人家取奶，总算让女儿得到了营养补充。那时每人每月只有半斤肉票、半斤鸡蛋票。全家三人集中保证孩子尚且不足，大人整年不知蛋味，鱼、肉也很少吃。维森一向体弱，但看到女儿健康成长，他感到欣慰。

女儿长大谈恋爱了。小伙子专业以外，也爱好文学，每次来家，维森与他有谈不完的话题。女儿出嫁后，2000 年随丈夫去了美国。我和维森送走女儿回到南京，夜半我禁不住哭出声来，隔壁房间的维森其实也没安睡，他走过来坐到我的床边，两人什么也没有说，他就这样陪着我，一切尽在不言中，直到我平静下来。能如此相厮守是多大的幸福啊！今生再不会有了！

他沉静中透出智慧与自信，简单中显出忠厚与大气。对大是大非我们认识默契。生活中每当我有烦恼倾诉，他总会静静地听着，用他低洪的声音、不多的话语，举重若轻地使我释然。

2007 年我腿伤，他拄着拐替我排队挂号看病，送我住院。2010 年 9 月 30 号凌晨 2 点我突发头痛。他那时身体因骨病和肺纤维化本已很衰弱，他替我叫来 120 救护车，又电话将好友叫起来，一同送我入院急诊，直到上午。

他就是这样，不必甜言蜜语，但总会在需要时报以真情。这就是生命的伴侣，精神和生活的伴侣。

2011 年 4 月下旬一天，他虚弱地躺在床上，我把所写关于他的两首诗《他》和《报国同》念给他听，他说："评价高了。"我说："只是实情（无所谓评价）。"他听了《画像》诗，莞尔一笑。当时两人都没料到，这竟是夫妻二人最后一次心灵的沟通。

女儿出国后，与家人聚少离多，空巢家庭异常冷清，但维森和我从不提出要他们多回来看看。让他们在国外安心打拼吧，父女常电话谈心就满足了。

维森病重，女儿赶回来了，日夜守护在他的病床边，为他摩胸顺气，喂他果汁……维森在呼吸极困难的情况下，断续和女儿谈心，语重心长，父女情深。

维森生前（2009 年 2 月）嘱告，死后骨灰撒入祖国江河大地。女儿曾表示要留一点爸爸的骨灰带在身边。后来决定还是墓葬，让逝者"入土为安"，也为了给游子后人留一个"根"在家乡，日后祭扫。在维森的墓碑上刻有我写的《报国同》。爱国之情已融入他的血液，是他一生不变的信念。对后人，维森最大的期望就是，无论走到哪里，不忘自己是中国人，心中的"根"不能丢。

六　达观的人生态度——生死两由之

维森面对生活中的一些严酷、沉重的遭际，常以轻松、幽默、调侃相对。

他回忆自己七岁上下的一段经历说，船在无人的沙滩处短暂停靠，"我们四个男孩首先冲上沙滩，然后奔向四面，各霸一方，解决生活中一件大事——拉屎。凉风习习，波光粼粼，目空一切，自由自在。拉屎完毕，就在沙滩上打闹一番才回到船上”。多么无忧无虑，充满活力，天人合一。其实这是发生在扶老携幼颠沛流离的逃难途中，日机扫射，土匪打劫……随时可能发生。在险恶的环境中，他竟捕捉到如此轻松的场景，两相映衬。读之，那“驱逐日寇，还我和平”之情能不油然而生！

他回忆被审查“五一六”中期的心态，他说：“每逢有人板着脸通知我‘受审’时，我常会想起‘狱警传……’这句唱词，‘哐才，哐才’慢腾腾地来到会场。”磨出这样的心态，那是当尊严被扫地、冤屈无处申时，在极度灰心失望中无奈的选择——要学阿Q了。

以轻松映衬沉重，以幽默调侃应对严酷，这应源自他的达观与智慧吧。

说到生死，维森一生中经历多少次生离死别：至爱的亲人、尊敬的师长、知心的好友、才华的青年……正常死亡的，死于非命的，次次令他痛彻肺腑，感悟多多。

他自己也曾面对生死的考验。在清查“五一六”被隔离审查时，工宣队的人因他“顽固不化”就曾对他怒斥：“想死就去死，长江又没打盖子！”好在那时他明白，在那指鹿为马、颠倒黑白的年月，自己即使死了，也只能遭致“畏罪自杀”、“背叛革命”的骂名，不可能自证清白。他下决心：“我得经受这炼狱的煎熬。”他做到了，他坚韧地经受了那煎熬，堂堂正正地走出来了，并欣逢盛世。

而这一切又使他对人生有了更深的领悟。既然生死是自然规律，“生”就要以积极心态来度过宝贵的生命，“死”就要死得从容有尊严。敢于直面人生，这就是他所说的“生死两由之”吧。

他尽力做到有序地安排生活，从不懈怠。遗憾的是，过去很多年，我们没有条件养生，也缺乏养生观念。岁月匆匆流过，不意间病痛已逐渐来袭。

维森 1996 年患上了青光眼，1998 年初手术后左眼失明。此后的十几年就靠一只右眼承担着读写的重负。家人劝他：“只有一只眼了，省着点用吧！”他的回答却是：“我什么都不干，不就成了废人!”

2005 年春,他又突然发生“压缩性骨折”,疼痛卧床。经诊断,是严重骨质疏松造成的。治疗效果不明显,此后年年发生,需拄拐杖而行。

自患病以来,他的著述有:

《屈原评传》(1998 年)

《中国辞赋史》(合作　1996 年)

《古文类选读本》(审订　1999 年)

《学苑奇峰——文史学家胡小石》(编者　2000 年)并为该书撰写《胡小石先生传略》等文。

《诗思与哲思》(2006 年)

《图说中国文化基础》(合作主编　2007 年)

《司马迁》(《中国思想家评传》简明读本　2008 年)

此外撰写和发表文章三十多篇。

这期间他还撰写发表了《大烟囱的故事》(连载于《大众文学》2009 年 4—6 期)。该作品以故事体记叙了祖父郭礼徵创办江苏省第一家民营电厂“大照电气股份有限公司”的曲折艰难历程,表现了郭氏家族一段艰难创业史,也折射出现代中国民族工业曾经历的兴衰。

骨病前,维森参加了“中国杜甫学会”的学术研讨会,“国际辞赋学学术研讨会”,“中国屈原学会”在内地和香港举行的研讨会等,以及多种学术评审活动。

2009 年 8 月,他被检查出患有间质性肺炎,医生直言无特效药可治,寿命难长。我惊恐、悲伤、紧张地奔走于各大医院,泪水、汗水和着雨水。后来转而求助于中医及其它辅助手段,我希望并相信能延缓他病情的发展。而他在三病叠加下,除增加了服药和吸氧,仍静静地半卧在躺椅上,读书、写作。他一年之中,撰写、编辑了三本书,并于 2010 年 10 月、11 月陆续出书:

《古代文学的现代意义》(论文自选集)

《逝水滔滔　心路遥遥》(含《噩梦醒来是晴天》)(回忆录)

《零敲碎打集》(札记、杂感、鉴赏、诗文等自选集)

在这期间,他还撰写了短文《理想之光——读〈礼记·礼运〉篇》(2009年7月)、《不欺其志》(2009年11月)、《请勿"暴殄天物"》(2010年11月)、《论隔阂》(2011年2月),诗《樱花赞》(2011年4月),还有那没有写完的札记等。

维森啊,在如此叠加病痛的折磨中,在死亡阴影的威压下,你不仅在做一生的汇报,还在探讨"大同"的传统理想,在赞美"不欺其志"的民族传统精神,在呼唤良好的道德风尚!难道真有什么比病痛、比死亡更强大?令我思之心痛。

这三本书和诗文是你生命的绝唱!我们会更加珍爱。但是,你却为此过快地耗损了生命。是残酷的病魔令你别无选择?

其后维森的身体日益衰弱,呼吸更加不畅,腹泻不止。2011年5月入院后,加上院内交叉感染、用药矛盾失当,致病情急转直下。

作为他的妻子,我不甘心,我竭力求治,倾家相救,却无力回天。我拼命抓住,他却从我手中渐渐滑落。在那个雷电交加的2011年8月7日下午5点12分,老天与我们一同哭送维森离去。

维森走得冷静、从容。他就是那样为自己的最后离去做了准备。但是他和我都没料到这一天会来得如此快,不少事没来得及安排,我们甚至没有来得及做一个最后的告别。

维森走得洒脱、勇敢。几年前他在预立的遗嘱中就表示,如果得了不治之症,不要做无谓的抢救,遗体捐献……在住院时仍是这态度。一身傲骨令人心碎。

维森生前赞赏刘禹锡乐观而豪情的诗句:

芳林新叶催陈叶,流水前波让后波。

他从老境、从死亡中看到了光明,看到了新生。

维森,一名深受中华优秀传统文化的陶冶,随着新中国成长起来的普通知识分子,融汇二者的影响于一身,相辅相成。表现在他的学术事业上,他不懈坚持传承、弘扬优秀的古代文学,使之为现代社会所用；表现在他的节操上，他努力践行：持身以正，宠辱不惊，丰俭淡然，生死坦对。

从对他的回望中，人们或可窥见，他所在的知识分子群曾身处怎样的时代背景、他们的思想感情、他们的追求与奋斗。可以看到他们曾怎样与同胞们一道托起祖国的这片蓝天，践行着时代赋予的责任。尽管曾有那“身不由己，心不由己”的遗憾(《逝水》序言)。

如今他安息在绿树环绕的山岗上，仰望蓝天，俯瞰大地，与他挚爱的祖国同在。

维森，你离开了，可我难忘
你的面容，憔悴却傲然镌刻着搏击风雨的年轮，
你的双眼，矇眬却闪现出深思与智慧的光亮，
你的步履，蹒跚却迈踏出沉稳、倔强的意志。

与你生命各阶段相比，饱经沧桑、殚精竭力的你，更令我珍爱、心痛、不舍。四十多年相濡竟如此短暂，如白驹过隙，只留下一道余光，让我独自回味、品读……

由追寻与怀念中，振作精神，迎向前路，这是我和家人应做到的。

维森，你离开了，留下了你毕生的努力、你的爱和温馨的微笑。我们将珍爱不忘。

愿你
忘却烦恼与牵挂，
带上快乐与祝福，
纵浪大化之中吧！[①]

妻　学梅　2012年1月—2013年4月

① 语出陶渊明《神释》。大化：天地间四时、阴阳、生死等一切自然变化。

诗念维森

——心的呼唤

顾学梅(南京大学)

心　　誓[①]

相濡四余旬，
往事如烟云。
但得人康健，
愿以寿相匀。

2009.8.24

生　　命

生命源于宇宙传承，
生命系于社会家庭。
享有生命，惠及他人，
珍爱生命，仅此单程，
从容生活，无负此生。

2010.11—2011.1

---

① 2009年8月维森被查出间质性肺炎，我奔走于各大医院，炎夏中，泪水、汗水和着雨水。惊惧、悲伤和拼搏中，赋此。

画　　像

盛福扁脸眼矇眬，①
软骨鸡胸声音洪。
不善劳作喜读写，
无须刺股股茧重。②

2011.4.27

魂首丘③

——悼别

盼君回春求妙手，
却闻天军哀乐奏。
泪雨如倾雷如吼，
天似怜我老丧偶。
君嘱捐肺医未允，
灵归净土魂首丘。
天堂路遥睨故园，
马勿徘徊心勿忧。
饶土沃壤材辈出，
美好愿景代相酬。

2011.11.27

---

① 盛，音 chéng。

② 重，音 chóng。维森因久坐读写，臀部有老茧。

③《九章·哀郢》："鸟飞返故乡兮，狐死必首丘。"后有"归正首丘"等语。

他

他自幼体弱多病，精神从不示弱；
他真诚正直重义，亲情友情多多；
他生活平实简单，丰俭安然自乐；
他致力古为今用，献身科教，名利淡泊；
他历经顺境逆境，心系事业家国；
他忍受骨痛缺氧，只眼笔耕，孜孜不辍；
他从容面对死亡，无一言为自家着墨；
平凡、安静的他，燃出了炽热的生命之火！

他精力日渐耗竭，生命之光淡入迟暮，
八月七日魂归时，电闪雷鸣暴雨如注，
老天啊！您在伴我同哭？

那为他送行的熠熠光焰，
映照出他八十年
淡定而炽热的生命画卷，
燃启了他
新的途程漫漫。
我多想再听听他的声音，
对他说：
飞吧！纵浪大化间！

2011.4—2011.12.19

报国同

先祖礼徵一寒生，
师承张謇志兴中。
大照电厂民族业，
今人犹念披荆功。①
次孙维森幼丧父，
祖训国学母启蒙。
树蕙滋兰六十载，
英才辈出家国荣。
古为今用求索路，
道德文章君子风。
九死未悔享此生，
祖孙殊途报国同。

2011.4—2011.9

银杏树②

——追赠维森

植根千年昂躯干，
绿扇轻摇骄阳暗。
银果枝垂唤采撷，
金叶霞光相映灿。

2011.5.7 作，2012.7.19 追赠

银杏树

① “大照电气股份有限公司”是郭礼徵于 1904 年创建的江苏省首家民营电厂。“郭礼徵旧居”现为镇江市文物保护单位。

② 重读此诗，猛然感悟，人与树原是相通的。知音已去，特追赠以作怀念。

忌日祭

——悼亡夫维森去世周年

非愁非怨，心痛寤寐难安，
怀君写君，遗憾何能稍减？
心祭家祭，方觉君去未远，
念兹在兹，可有书茶相伴？

忌日晨
夜雨浥尘，墓如洗松似染，
天际微晞，故园待君来瞰。

双午祭
白日灼照，
咫尺阴阳，万语化无言。
雨骤风急，
天降余悲，汗泪同飞溅。
涤我郁垒，唤我精神，
天上——人间！

2012.8.7

心　祭

——悼亡夫维森去世三周年

东窗一灯驱夜寒，
往事细检知几番。
恨不重生人再还，
强敛心神年复年。

时代日新天外天，
文化弘扬代相传。
天眷人暖儿勤勉，
失君三载慰灵前。

2014.8.7

怀念维森叔叔

郭燕文　刘丽文(镇江市博物馆)

维森与堂兄维庚(右)在老屋前(90 年代于镇江)

我们的祖上是安徽亳州一个有名望的大户人家,但并不富有,是所谓“穷家大户”。曾祖辈有兄弟四人,老三郭品翰是我们的父亲郭维庚、叔叔郭维钦的祖父,老六郭礼徵是维彬叔和维森叔的祖父。

维森叔的祖父郭礼徵于光绪十七年考中秀才,光绪二十年(1894 年)又去南京在张謇主持的“文正书院”读书,受张謇“实业救国”的思想影响极深,从此走上了实业救国的道路。1901 年,他来到镇江,见镇江水陆码头,交通发达,商业兴旺,又得知洋人拟在镇江开设电厂。为防“利权外溢”,乃决心在镇江创办电灯公司。他的老师张謇对他大力支持,经张謇介绍认识了常镇道道台郭月楼,先拨给城外东荷花塘坞官地九亩作为建厂基地(后作价为官股),当时厂名“大照电灯公司”。1904 年厂房建成,1905 年 10 月正式发电,最初发电能力为 150 千瓦。1906 年,大照取得了"清商部公司注册局"发给的执照，成为江苏省华商第一家公用发电厂，在全国也可以说是"开民营之先河"。在大照创办和发展过程中，郭礼徵竭尽全力，坚定不移。因此，不仅得到社会的承认，也受到各界人士和全厂职工的尊敬。

郭礼徵当年邀我的曾祖父郭品翰帮助创建"大照电灯公司"。郭品翰是善于经营的人才。听老人说他能用双手打算盘呢！郭礼徵因病丧失工作能力后，便由郭品翰执掌公司工作，至数年后，新人继任。

大照建成后，祖辈携家迁居镇江，维森叔就是出生于这样一个大家庭，与我父亲他们一同度过了童年时期。兄弟中，就数维森叔叔体弱多病，养成了喜静不喜动的性格。为求保佑，家里送他去寺庙寄名，曾拜茗惠法师（茗山法师的师弟）为师父。

维森叔从小与我父亲他们一起在厂里的子弟学校上学，学的是《三字经》、《百家姓》之类。他们又都爱好看小说，如《江湖奇侠传》、《三侠五义》、《七剑十三侠》等，还常常交换书籍阅读，一块儿谈论。他们还十分喜欢京戏，不仅跟着大人去看京戏，兄弟四人还自己演唱。记得小时候看过一张发黄的老照片，上面是几个小孩，身穿戏服，头上戴着戏帽。父亲说，这是他们兄弟几个，帽子是用纸糊的，戏服是姑姑用我爷爷的旧衣服改的。他们演过《三岔口》、《萧何月下追韩信》等。

我父亲郭维庚1946年加入了中国共产党，做地下工作，父亲当年曾主编地方报纸的文艺副刊。还在读初中的维森叔叔就曾有两篇稿子被该刊刊登，其中一篇题为《张老大》。文中有一句："涡河的水静静地流着，流进我童年寂寞的心。"我父亲给加了工，改为"涡河的水静静地流着，流过故乡的门前，流过小城的底身，流过童年寂寞的心"，几个排句形象生动，流畅贴切，使叔叔大为佩服，自此以后叔叔萌发了当作家的想法。因革命的需要，我父亲不久离开了该报文艺副刊，但已对叔叔播下了革命文艺思想的种子，他开始向往革命了。

解放前夕，父亲奉派进入大照电气厂，组织职工护厂，使工厂未受损失,未中断供电。解放后,我父亲公开了身份,代表政府接管了镇江"大照电气公司",任该公司"军代表"。叔叔一家又在我父亲的影响下将家中上千平方米的房屋上交了国家。现在东荷花塘郭礼徵故居,已成为镇江市市级文物保护单位。

八十年代后,父亲郭维庚负责"镇江地方志"工作,维森叔曾为《镇江史志通讯》撰稿介绍郭礼徵和"大照电气公司"。

维森叔和我父亲兄弟情深,时常书信交流,两地互相看望。2005 年 5 月我父亲去世后,维森叔仍时常牵挂我们。维森叔的去世,使我们失去了一位可亲可敬的长辈。

维森叔叔 1953 年毕业于南京大学中文系,即留校任教。在南京大学党组织的培养下成为一名共产党员,从助教一直到教授。曾任"中国屈原学会"副会长,主要著作有《屈原》、《司马迁》、《陶渊明全集译注》、《中国辞赋发展史》(合作)、《屈原评传》、《诗思与哲思》等,主编了《学苑奇峰——文史学家胡小石》,并合作主编了多本有关古代文化的书籍,撰写、发表文章百篇。

维森叔叔与我父亲一样,自幼深受祖辈民族传统文化、儒家仁义思想的影响。他为人忠厚老实、宽容大度、与世无争,但对待工作却兢兢业业,精益求精,取得了诸多荣誉,堪称我们学习的楷模。叔叔的遗作《逝水滔滔　心路遥遥》以个人的观察点,记录了那段剧变时代中的所见所闻、所思所想。叔叔的一生无愧于党,无愧于人民,尤其是叔叔的文品、人品,永远是我们学习的榜样。愿维森叔叔在另一个世界安息吧。

2012 年 3 月 12 日

忆维森妹夫

顾学华(海军工程大学)

与妹夫维森四十多年亲情,许多往事堪回忆。一年一度端午节将至,不禁记起一段小小的往事。

与学姐(右一)在北大楼前(80年代)

我心目中的维森是一个本本分分的老实人。他是研究古典文学的教授,是所谓的“老夫子”,他尤其对屈原研究情有独钟,颇具建树。我们虽是隔行,但每看到他的著作出版,都很为他高兴,抢着拜读。维森的大学同学汪敏老师和我们住同一个大院,她常说:“维森念书时就很用功。如今拜读了他的著作,看得出来,他的文学功底很深,我很佩服。”

我们家住武汉,虽然和南京都在长江沿岸,但是那时往来全靠乘船,即使下水也得一天多,上水时间更长,所以我们难得见面。

那些年,端午节前后,维森常来屈原故里湖北秭归参加全国的屈原学术研讨会。会后乘船返回南京,途中必经武汉。武汉是个大港,船停靠码头后,上下旅客、装卸货物、补充给养……一般也得两三个小时。许多旅客在这时候上岸去买些乘船的食品或土特产什么的。而维森总会利用这个机会匆匆地赶来看望我们。他的突然到来给我们带来意外的惊喜,倍感亲切,家长里短有许多说不完的话,如孩子考学啦,住房调整啦,物价上涨啦……只可惜时间太短,言犹未尽,想留他吃顿便饭都来不及,只好临时用个塑料袋装上几个自己包的红小豆粽子、咸鸭蛋之类的食品给他带到船上去慢慢吃。这时我和昌一老伴总会送他去码头上船,怕他搭错公交车误了航班,何况一路上还可以多说说话,抢出一段宝贵时间。把他送上了船,汽笛长鸣,尾浪翻滚,客船远去,我们才依依不舍地回家。那情那景,不禁想起"故人西辞黄鹤楼,烟花三月下扬州。孤帆远影碧空尽,唯见长江天际流"的诗句。

维森这匆匆地一来一去是我们家好几天的中心话题,先是念叨船该到南京了吧!学梅到码头接到他没有?又担心带的粽子该不会坏了吧!……另外,最不安的是,维森这"突然袭击",家里没有准备,一时找不出像样的东西给孩子带去,让他空手回去,心里真不是滋味。维森这个人就是这么实在,不愿给别人添麻烦。

维森妹夫已离去,而一幕幕往事仍然那样温暖而鲜活。在这端午节的前夕,特作此文并画,以寄托我们对他的怀念之情。

二零一二年六月

父爱如山(和爸爸在新家窗前,1982年)

爸爸护我登上黄山天都峰(1995年8月)

温馨如春花
(和爸妈在南大文科楼前,1994年)

怀念父亲

郭欢雪（美国）

前些日子和丈夫刘钧整理去年的照片，照片中白发苍苍的父亲正面对着我们微笑，不禁悲从中来，思念之情像潮水一般涌上心头。一晃父亲和我们分别已经半年多了，亲爱的父亲，您在哪里呢？这些日子您可好吗？唉，我们每天都在想念您。

最近常常回想起和父亲相处时的情形。记得有一年过年，中文系开茶话会，我站在桌上表演背唐诗，起初几首还算熟练，一会就背不上来了，拼命招手叫爸爸过来，咬耳朵问："下一句是什么？"结果引得哄堂大笑，爸爸的脸红了，也跟着笑。父亲平时好静，话不多，但每天到了吃饭的时候，饭菜还没有拿上来，话匣子就打开了，从《西游记》、《水浒传》到《论语》、《中庸》，我听得心不在焉，他讲得津津有味。大概是古代文学学者的职业习惯吧，父亲教育我时也爱引经据典。我与同学相处，他会告诉我"尺有所短，寸有所长"。我学习懈怠时，他对我说"青春须早为，岂能长少年"，或是"击石乃有火，不击元无烟"。这些话犹如春雨，慢慢地浸润了我的心灵。

据家里长辈说，父亲从小就热爱文学，还在初中就在镇江地方报刊上发表过文章了。二十多岁就出版了第一本著作——《屈原》。可当我记事的时候，父亲早已不再踌躇满志、意气风发，他给我留下的是穷经皓首、孜孜不倦的苦行僧般的形象。我儿时记忆最深的一幕，就是父亲在深夜坐在台灯下辛勤笔耕的样子。父亲书桌上的灯光每天伴我入睡，半夜睁开眼，看到的总是灯下父亲忙碌的背影,听到的总是笔纸的沙沙声。在我眼中,父亲的生活有些单调无趣,但我想,父亲视写作为幸福吧。他热爱中国古代文化,与之结伴终身。他曾说:“每天我打开书本,别的事就全都置诸脑后了,读书、写文章就是我的人生最大乐趣。”近些年,父亲日益苍老,2009 年后又身染重疾,却仍然坚持写作。我为他的身体担忧,多次打电话劝他“不要写了,好好休息吧”。可他比过去写得更辛苦,在短短一年中,印刷出版了三本书。他是在争分夺秒,尽量把自己的所学所思留在人间啊。

父亲与世无争,生活简单,即使在浮躁的年代,也不断地追求内心平静,只以读书、教书为生命,那种超脱和洒脱,每每忆起都令我由衷敬佩。父亲终生淡泊名利,处事低调。网络兴起后,我看到不少教授图文并茂的网页,提出也给父亲做一个介绍,以扩大知名度。他不要,他说他只希望好好地为古典文学做一点事情,有益于后人,至于别人知不知道他这个人,无关紧要。父亲就这样默默地守护着古典文学的家园。

父亲向来不爱麻烦别人,连自己家人也不爱麻烦。2005 年起,他由于骨质疏松而行走困难,我要回家照顾他,他说:“不用,你们自己的学习生活要紧。”两年前,母亲生病住院,有亲戚要来南京照顾二老,他也推辞了。去年六月份爸爸开始病重,但跟我通电话却把自己的病情轻描淡写,还不忘嘱咐我们千万不要回去,不要影响了工作。到了临终,他还是不想给学校和家人添麻烦,提出不抢救,不办追悼仪式,不要留骨灰。

我在 2000 年出国后就和父亲聚少离多。其后比较长的一段相处,是在 2009 年的秋天。那时候父亲刚诊断出患有间质性肺炎。我心急如焚,回到南京。在那一个多月的时间里,他还和我小时候一样,早晨起来带我去买早点。他没走几步,就要停下来喘几口气,他叫我快走,他在后面慢慢跟着。傍晚时候,我和他会去南大校园散步,他一边咳嗽一边很欣慰地给我介绍南大哪里又添了几栋新建筑。父亲 18 岁进南大,就再也没离开过,对南大他有无限的依恋。散步走累了,找个石凳子坐坐,他仍和我小时候一样,用袖口给我掸凳子上的灰尘，然后才让我坐下。现在想起这些情形，总是觉得一阵心酸。

前几天，我和丈夫在家包饺子，丈夫说："如果爸爸在，他肯定会和往常一样说'好吃不过饺子'。"斯人已逝，言犹在耳。我不能不痛彻地感觉到我失去了一个爱我最深的人。"树欲静而风不止，子欲养而亲不待"，父亲给予我太多太多，而我回报他却极少极少，他临终的时候我也只在家呆了一个月。我知道父亲从来没有怪过我，即使在他最生气的时候，他也没对我发过火。父爱如山，父亲的爱总是默默的，平淡得让人有些感觉不到，但却是世界上最厚重的爱。这爱将伴我终生。

2012 年 3 月

同窗的祝福(2010年9月在祝寿会上)
由左至右:郑云飞、朱宏仪、丰家骅、周勋初、郭维森、包忠文

老友欢聚(1999年8月)
前排由左至右:王立兴、叶子铭、维森、张现、学梅
后排由左至右:女儿欢雪、女婿刘钧、吴翠芬、汤淑敏、曾孟西

学友的祝福(2010年9月祝寿会上)
由左至右:程章灿、维森、李立朴、景凯旋

祝寿会上与友人合照 (左1李宗长,右1管仁福)

纯净而颠踬的一生

周勋初(南京大学)

维森于去年盛夏时去世,忽忽已有半年多了。我因年迈体衰,生前既未能去医院探视,事后又不能去向遗体告别,想不到几十年的同学,生离死别之时竟未能见上最后一面,人生多憾事,越来越感到心有余而力有不足。

我们是在建国之初进入南京大学的。维森来自毗邻的镇江,进入老树新花的南京大学 ,一切显得新鲜。当时学生可以转系,很多同学报考的第一志愿不是文科,或因考分不够才分到中文系来,有的读了半年就转出去了。维森则是坚定分子,从小就喜欢文学,他的散文写得好,屡次得到于在春老师的称赞,在班上作介绍。班上集会时,他多次满怀激情地朗诵新诗或是散文。

他的外表与内心一致。洁白的皮肤,红润的脸庞,一头偏黄的软发,终日带着稚嫩的微笑,像是一个天真的孩子。有人称他"郭儿",这也成了他的别名,一直到他晚年, 我总叫他"郭儿"。

维森为人单纯、热情,朝气蓬勃。留校之后,从事过几种不同的工作,从不三心二意,无不全力投入。有一段时间,系里开设写作课,老师要承担改文章的任务,费时费力,大家都视若畏途,维森出任写作教研组教师兼秘书,则热情依旧,结合自己的喜好,发挥所长,努力做好工作,取得了很好的成绩。

只是政治风云多变,像他这样一种单纯的文学头脑,显然无法适应变幻莫测的政治风波。他长期担任《光明日报·文学遗产》副刊的通讯员,时而写些评论性质的短文寄去。1960 年 4 月,《文学遗产》上有一次小小的争论，有人说古代文学的教育意义越来越小了，这对热爱传统文化的人来说，无法接受，于是他写了一篇短文《古代作品的社会意义缩小了吗?》予以反驳，认为古代文学的教育作用将越来越大。这种不同意见的争执，现在看来各有所见，真是最平常不过的了，而在当时，却不知触动了什么人的神经，北京传来消息，说是要把他的这篇文章作为靶子，展开争论。这在当时来说，也就是要把他抛出来，作为反面教员而展开大批判。这场风波，最后没有闹大，但对他确实伤害很大。本想维护传统文化的崇高地位，不料有人却会作出另一种解读，像他这样爱惜名声，又不想在政治风浪中大显身手的人，显然感到压抑。从此以后，他一贯心仪的鲁迅笔法，不太形诸笔端了。

维森洁身自好，尽管外面风云变幻，却从不想做弄潮儿。小小的中文系，与外界同步，也是各种关系错综复杂，很难让人置身事外。他坚持原则，从不拉帮结派，也耻于干这种事情，因而从不卷入到人事纠纷之中。正像他的研究对象屈原所说的："忽驰骛以追逐兮，非余心之所急。"他一直维护个人的独立人格。

他的处世之道，恪守传统道德规范，不论是对母亲兄嫂，还是对待师长和学生，都不逾越分寸，真情对待。对待妻子女儿，也是尽心尽力，恪尽天职。古代文学中描述的那些处世好榜样，潜移默化，已成了他行动的指南。就是这样，系里的人对他均有共识，一致认为他是老实人，个人操守好，政治上可靠，因此领导对他也是很器重的。我常跟他开玩笑，说将来共产主义运动史上都要记上他一笔。因为他读到三年级后，就去外系当政治辅导员；到了上世纪六十年代，又奉派赴朝鲜帮助他们校阅金日成著述的中文译稿等。那时出国，要经过严格的政审，维森膺此大任，足见其政治上的可靠。

他从朝鲜回来，给我带了几张唱片，内有《卖花姑娘》等名曲，幽悠动听，成了当时已成文化沙漠的中国大地上一朵别样的奇葩，好多同事都过来欣赏。

但真所谓天有不测风云，到了史无前例的"文化大革命"中，无产阶级专政的铁拳忽然给他以猛击。所谓清查“五一六”的伟大运动开始,维森就被列为重点。很难想象,像他这样一个历史清白、性情单纯的人,居然会被一些阶级斗争嗅觉特别灵敏的人盯上。或许他们认为维森为人软弱,只要施以高压,也就会屈服,这样就可以扩大战果,像捉螃蟹似的拽上一大串了。反正处在这种年代,将自己的战绩建筑在别人的眼泪与鲜血之上,已是“文化大革命”的常规,就是把你郭维森逼死了,那也不过是小菜一碟,算得了什么?只是他们对维森的为人还是没有琢磨透。尽管那些“战士”用尽心机,维森却是不肯违背良心,乱咬他人。古人说“疾风知劲草”,维森经历这番“考验”,既保持了自身人格的完美,也保护了一大批处在危险状态下的朋友。通过这次考验,更能看出他的为人。

当然,维森处在生死关头,内心也极为煎熬。最让他难受的情况之一是,有一些原先一直名声欠佳的人,居然以完美的革命者身份,可以肆意将他践踏。这对一个洁身自好的人来说,内心的激愤,可想而知。屈原在《天问》中对楚国的现状有这样的责难:“黄钟毁弃,瓦釜雷鸣。”想不到进入二十世纪的新中国,让他这样一位楚辞名家有了另一种别样的体验。

我这么说,也不是说当年整他的人都是凶神恶煞,我相信其中一些人对他还是了解的,心中一定不会认定他是什么阶级敌人,但出于对领袖的绝对服从,也不得不这么做。按照当时的政治原则,上级叫你去整某个人,那你就得绝对服从,否则你得自己准备去加入阶级敌人的队伍,等着挨整。这是一种革命纪律,也是一种不容怀疑的阶级信仰,这种情况,后人恐怕难于理解。

改革开放之后,我们回忆往事时,总有不少唏嘘,原来革命的过程中,遇到的一些新鲜事,还可有各种深层次的不同解读,可以帮助你提高认识,解决内心的种种困惑。大家深感庆幸的是,我等在历经磨难之后,最后还是过上了一二十年的太平日子,不必再在种种革命理论中为各种难解的现象寻找解释了。维森出了楚辞与《史记》等方面的研究成果,奠定了他在学术界的地位,还长期担任系主任与教研室主任等职,为振兴母系、培育学生作出了贡献。他的积累,他的抱负,总算能以部分展示,作为老同学,也为他晚年的圆满生活感到庆幸。

2012 年 2 月 28 日

琐　忆

——悼郭维森君

朱宏仪（东南大学）

1950年，我和郭维森相识在南京大学中文系。那时他十八岁。六十二年过去了，抚今追昔，透过时间的帷幕，许多往事已朦胧恍惚，但星星点点犹在回忆中闪现。

一

1950年秋，十六岁的我怀着幼稚的文学梦，迈进向往已久的知名学府——南大，兴奋激动的心情实难言表。此时，郭维森的一篇作文，恰当地表述了我和很多同学的心声。老师出的题目是《南大印象》，同学们都藉此挥洒着心中的激情与感动。老师将郭维森的文章作为最优秀的印发全班，供大家赏析。其余的，或誊抄一份交系存档，或加评语后发给本人保存。他文章的具体内容我已记忆不清，似乎从南大的表象——古朴的牌坊式的大门、泛着绿色光影的圆顶大礼堂，写到了高等院校的根本职责——培养德才兼备的建设者；从步履匆匆求知若渴的莘莘学子，写到了未来大展宏图的国家栋梁……文章当然未必完美，但从现象到本质、从当下到远景，有文采，有深度，不像出自稚气未脱的小青年之手。他生动地描述出洋溢在我们新生心中难以言说的那份情感和理性认知，表明了他那时已有一定的文学根基和写作才能。

二

我与他进一步相识，是在1951年秋冬季的土改中。文、法及师范学院二年级以上的学生全部投入运动。中文系被分配到皖北的亳县。从县城往下，分散到区、乡、行政村。最后，我和郭维森分到了最基层的单位——一个四面围绕着小水溪的自然村寨。初来时，地方干部看不起城里来的书生，认为我们既娇气又骄气，无实际才能。有人甚至在会上把“欢迎南京的大学生来亳”的口号，用方言呼为“欢迎南坑的大蛤蟆拿馍”，玩笑似的表示了轻视。但是在以后的生活、工作实践中，他们彻底改变了看法。与此同时，我也加深了对这位外表文静而内心充实的同伴的了解。

土改要过生活关。物质的匮乏、困顿并不能吓倒我们。我们有吃苦耐劳的思想准备，要在农村的广阔天地把自己锻炼得坚强些。晾干的桑树叶代茶饮，也觉清香可口；两个人偶然联手做顿饭，我在灶下烧火，他笨拙忙乱地擀杂粮饼、下玉米糊，倒也能凑合。杂粮饼有咬劲，扛饿，玉米糊热腾腾的，暖肠胃。谈笑间，我们不但不觉得苦，还颇感新奇有趣哩！然而，也有令人烦恼的事。农村的卫生习惯极差。例如，酷寒难耐的冬夜，当地干部会捧来一捆高粱秸，在土屋中间松松地堆放好，点上火。火势熊熊，把一群人直逼到墙边，围坐一圈。此时，他们纷纷脱下棉袄，在旺火边抖落几下，噼啪有声，被当地戏称为“革命虫”的虱子纷纷葬身火海。有人更干脆，将虱子送入口中，一声脆响完事。此情此景，我和郭维森只好退遁到屋角。幸存的“革命虫”就乘机潜入我们的毛衣。后来，我在郭维森写的《逝水滔滔　心路遥遥》中看到，他是乘到县里集训时加以清理的，我则一直将它们带到了南京。面对此等窘事，我和郭维森增强了自励，形成了共识，土改不正是要彻底改变农村面貌吗？我们不是想在风雨中成长吗？因此，对当地干部群众，我们既不能嫌弃，更不该怨尤。即使在生活上有些不习惯，也都诙谐地付诸笑谈中。

在工作上，我们都是“未出茅庐”的学生，毫无社会经验，只是在县里集中学习过几天。一次在村前场地上开村民会，要我们宣讲土改的意义、政策，这对我来说是个难题。记得郭维森面对着村里的男女老少，一面来回走动，一面宣讲起来，讲孙中山提出的“耕者有其田”的口号以及“谁养活谁”等等，有思想，有激情，任务总算完成了。我佩服他的胆量和担当精神，这促使我多学习思考，多加以实践，克服自身胆怯、生涩等弱点，努力跟上。

土改期间，还有两件事至今难忘。夜晚，我想起《聊斋》里的故事，以及听到的妖魔鬼怪的传说，不免害怕难眠。更加令人毛骨悚然的是，静夜里，我常听见一种怪声，像是从某种狭窄的缝隙中挤压出来的，凄厉而恐怖。好几夜我都难以入眠 。我把这件事告诉了郭维森。他没有嘲笑我，也不讲空道理，而是随着我到附近查看，一间间茅草屋仔细搜寻，终于看见，在一处低矮茅屋的阴暗角落里，一张破旧床上蜷缩着一枯瘦衰老的身躯。询问后方知，这位可怜的老人，年青时过度劳累，致使老年时浑身“发劳伤”，难耐的痛楚使他夜夜悲苦呻吟。找到了怪声的来源，我才得以安睡。我慨叹农村如此贫穷落后，缺医少药，更觉得急需改变它的面貌。第二天，又投入工作了。还有一次走夜路的经历。那天在外村开会，散会较晚，我和郭维森同回住地。在黯淡的星光下，白天来时的宽阔公路看起来似羊肠小道。因为只有路中间被踩得光溜溜的地方才能反射出一点黯淡的光，旁边都只是漆黑一片，所以康庄大道就“变成”了一条窄窄的小路。后来我才明白这个道理，当时却觉得十分怪异。点点磷火在路边、身旁闪烁，前不着村，后不着店，我想起民间鬼打墙的故事，心里直打哆嗦。郭维森在旁边神情安然，说着一些无关紧要的话，甚至还夹杂一些笑谈。如此，一个镇定的、泰然自若的人在我身旁稳步走着，无形中壮了我的胆，定了我的心。几经摸索，终于回到住地。我问他：“见到磷火吧？”他说：“见到。”“心里害怕吗？”“害怕。”但毕竟我们都受过唯物主义无神论等等的教育，用理性的力量驱散了条件反射式的、虚幻的紧张氛围。经过这些事，我锻炼了胆量，增强了勇气。

在农村与郭维森相处两三个月，我觉得他稳重、沉着，有思想，有激情，能担当，肯助人。潜移默化之中，我向他学习到不少，成长了一些，友谊也进了一步。

三

我对他更深的了解是在回校以后。1952年春夏之交，我们的大学生活已经过半。回首一去不复的时光，面对荒废了的课程，同学们心急如焚，都想“恶补”一下学业。于是更加重视学习。我和郭维森在一个学习小组。大约在那一年的期终考试前，小组的同学聚在一起复习迎考。为了把零散的知识系统化，应大家的要求，郭维森提纲挈领地做了一个小结，从而帮助大家较清楚地掌握这一阶段的知识。具体的内容虽已忘却，但它早已积淀并融入到自己的知识库存中。时至今日，在文学院（四牌楼）那座砖木结构的平房中，在那间狭小的教室里，他耐心细致地为我们梳理知识的形象，仍留在我脑海中。

在那运动频繁的年代，集体主义与个人情怀、阶级性与人性之间常在思想深处发生碰撞、磨擦。郭维森曾告诉我，他常用文学作品对照生活，开导自己。确实，那个时代的青年常到文学作品中去吸吮精神乳汁，藉以鼓舞自己，去克服心中的困惑，减少行动中的犹豫和彷徨。那时，媒体还不发达，青年团和学生会有时通过广播的方式播送文学作品，来激励年轻人。郭维森在校广播站曾动情地朗诵过一篇苏联小说《永不掉队》，内容大约是讲：战争结束后，将军与士兵在大学课堂相逢，士兵已成长为年轻有为的教师，将军则是白发苍苍的学子。时光流逝，在不同的情景下，故人相逢，感慨万千……然而，生活在继续，生命不停息。在任何境遇下，人都应调整好心态，找准自己的位置，永不掉队。多年以后，我想印证我的记忆，向他提及此事，他已忘却朗诵过这篇小说，只记得在大礼堂做过一次关于苏联文学的报告。我想，我的记忆也许是其中的一个片段吧！尽管经过岁月的侵蚀，它已经融进了不少主观臆想，具体情节也可能失真；但是，这篇小说的故事，特别是他读出“永不掉队”这句简短铿锵的话，在当时年轻人的心里，会留下深深浅浅的印迹。

郭维森勤于学习，重视知识的积淀；善于思考，运用知识去探究生命的真谛，去指引人生的道路；勇于表达，运用知识帮助别人与自己一同前行。我把他视为值得尊敬的学兄。

1953年春天，第一个五年计划开始，国家各单位急需人手。我和郭维森等五位同学被提前毕业。学校青年科没有经过中文系同意，也没有征求我们的意见，就直接分配我们做政治理论教员。我被分配到南京工学院（现东南大学），离开了南京大学中文系，告别了自幼钟爱的文学。

人生真是奇妙。人往往在许多偶然性的支配下，走出了自己必然的路。郭维森从小喜爱文学，功底厚实，中学时就在刊物上发表过文章。不知为何考大学的第一志愿是医学，却又歪打正着录取到了中文系。他被分配后，买来了《资本论》，准备积极钻研这门心里并不爱好的政治经济学。偏偏又在某种机缘巧合的情景下，调回到中文系。而我，以第一志愿进了中文系，心里从未考虑过其他系科，只因考前必须填第二志愿，仓促之间写下了“哲学系”。不料这就决定了我一生从事的工作——中国哲学史及哲学的教学和研究工作，直到退休。偶然乎？必然乎？

1953年后的几十年中，工作的繁忙使我和郭维森之间渐渐疏于联系。我们偶然相遇时仍一见如故。但分手后又各自忙于本职工作。

四

退休以后，有了供自己支配的闲暇，便常回想起那段短暂而珍贵的大学时光。前几年，大学同学开始不定期聚会。曾经血气方刚的青年如今都已是年过古稀的老人。旧日朋友白首相逢，各自倾述着多年的境遇和对人生的感悟。在聚会时，我和郭维森又有了多次接触。大家一起同游过古林公园、白鹭洲、豁蒙楼；他曾把他的著作、一盒印泥以及一对镇纸送到我家；同学聚会时，我去接他，又搀扶着送他回家；他生病时，我去探访，他半躺在座椅上，虽然有些气喘，仍然声音清朗，谈吐热诚。

在多次相聚攀谈中我一步步走进他的精神世界。

他正直坦诚，实事求是。在那“怀疑一切，帽子满天飞”的氛围中，在“深挖‘五一六’”的学习班上，不论怎样的硬逼软磨，不论施以怎样的精神压力，从他口中吐出的始终是那句反复多遍的老话：“我不知道是怎么回事。”他从没有用牺牲别人的方法，来换取自己渴望的自由。对于一种并不存在的“事物”，我们说“不知道它”，这本是最平常最朴素的回答。可是，在那指鹿为马的荒唐年代，说真话却需要正直的品格、实事求是的态度。

他胸襟开阔，宽厚待人。在文革中，他受过冤屈——说他是“五一六”分子，进行威逼批斗。可是，从他的言谈和文章中，我不曾感到他有何难解的怨仇，有的则是比较冷静的分析。如对于工宣队的看法，他说，那批工宣队进驻高校，就是来管教知识分子的，他们的任务就是清查“五一六”组织的，一位队领导曾口出“精辟”之言：“庙小神灵大，池浅王八多。”然而，郭维森对工宣队员是区别看待的。他认为有的老工人朴实，自己没有文化，却重视文化，重视知识分子；有的队员虽然竭力想显得凶狠，其实心地还不错，有一次挖防空洞时，郭维森忘戴安全帽了，工人师傅责令他戴上，在疾言厉色中显露出这位师傅的善心。郭维森认为，工宣队员中，用仇恨的眼光看人、满怀整人欲望的毕竟是少数。他说工宣队也只能按上级的布置去搞。对于卷入“深挖”运动的学生，他也抱宽谅态度，觉得他们大多数是朴实的农家子弟，入学时抱有远大理想，不料临近毕业却陷入这场斗争。他们中许多人无非是随大流而已，“实在没有理由责备他们”。对于在会上批斗他的师生，他想的是他们“并非对我有仇有怨，他们无非是响应组织的号召……”

我仿佛觉得，他像一个脱离了自身的旁观者，把包括自己在内的群体作为客观对象，放在个人迷信泛滥的时代背景下，冷静地观察着、思索着，仔细地加以分析。尽管每个人参加运动的动机和出发点不尽相同；尽管每个人都企盼用自己的思想情感甚至生命描摹出自己的形象，然而，全社会翻涌着阵阵海啸般的巨浪，左右摆布着芸芸众生，谁都逃脱不了被“运动”的命运。想清楚这一点，也就冲淡了一切恩怨情仇，得以用宽容的心态、开阔的胸襟来对待那些和自己一样身不由己的人们。

他善良，重友情。诚如一位学兄所言，郭维森的为人处世是“宁愿天下人负我，我决不负天下人”。他对于某次“失言”给同伴带来的伤害，追悔莫及。事情是这样的，在“深挖”运动中，他被隔离审查期间，一次与同伴在走廊里偶然相遇，谈了几句无关紧要的听闻。第二天，在小分队面前，他坦然作了如实的“交代”。他原以为这种苍天可证、光明磊落的谈话，足以消除小分队对他们的疑心，洗刷去莫须有的罪名。不曾料到竟引发出对他们两人的大批判。因为此事，多少年后，他还沉痛地把自己斥责为“瘟神”，深深痛悔说了大实话却把“瘟疫”带给了同伴。其实在疯狂的年代，欲加之罪何患无辞？说句大白话又何罪之有？他是很重友情的。退休以后，我回归到爱好文艺的初衷，醉心于书法和山水画。他知道我的痴迷，特地将珍藏的纪念品——一盒西泠印社的朱红印泥和一付荣宝斋制作的、上面印有“中国思想家评论丛书二百部出版”、“匡亚明教授诞辰一百周年纪念”的镇纸——送给我。看着他步履蹒跚登上三楼我的家，我深深感受到他纯真的友情。我回赠他一幅题为《绿满微风岸》的山水画，画面上青山绿水，苍松翠柏，微风和煦，春意盎然，用它象征友谊长存和我的衷心祝福吧！

五

郭维森离开我们已经半年了。他十八岁和八十岁的声容笑貌仍在我心中萦绕。一个在低矮的茅屋中，和我一起喝玉米糊、嚼高粱饼的年轻人；一个举步维艰气喘吁吁登上三楼，来到我家的年迈学者，他走了。时光无情，它悄无声息地在不经意间突然把人的生命带到了尽头。记得他生病期间，他的夫人顾老师多方设法为他购买各种药品和滋补品，后来听说虫草最有功效，对他最适宜，托我代她买来虫草。我们还谈到，通过和缓的长期调养滋补，从根本上增强免疫力，增强体质，能使身体逐渐好转。我一直期待着他的康复。没有想到死神突然降临。我深悔对老年人生命的脆弱性、"风烛残年"认知不深，以为相聚的机会还有，疏忽了更多的探访、叙谈。如今，阴阳两隔，能奈死神何？留下的是深深的歉疚和绵长的哀思！

安息吧，尊敬的学兄郭维森，愿你一路走好！

东南大学人文学院　朱宏仪

忆郭老

吴翠芬(南京大学)

弹指一挥间,六十年如白驹过隙。追忆与郭老的相识相知,浮现于脑海中的一些镜头总是那样鲜活……

我和王立兴于1952年考进南大中文系。在迎新会上第一次见到高两级的郭老(维森),他为新同学朗诵了自己的诗作,结尾两句至今还大体记得:“让我们铺设一条轨道,通向共产主义的天堂!”只见他仰天挥臂,以豪迈的姿势定格于会场中心。自此我认定这位学长是个激情四射的诗人。第二年,他提前毕业,担任了我班辅导员,在不多的接触中又感到他竟是个温吞水的“迂夫子”。记得有一次全班同学都买了票要去看下午场的电影,他偏偏在此当口召开班会,慢条斯理地作关于人生观的大报告,同学个个如坐针毡,心急如焚,催班长速写告急字条递上,大家才获得“大赦”,一路狂奔而去。

1956年我大学毕业后在胡小石师教导下读研,郭老是助教,也一起听课。后来我提前毕业留系任教,与郭老成为同专业的同事。熬过了“十年浩劫”,又一起在程千帆先生领导的梯队里共同培养研究生。多年来和谐共事,密切联系,无所不谈,深感郭老是一个真诚可靠的良友,在任何情况下他绝不会背弃你。

提起“郭老”这个称号,倒是我给他起的,当时是出于一种亲切的玩笑。由于这个称号很切合他为人率真、迂憨的特点,很快得到大家的认同而流传开来。未料到,在“十年浩劫”中竟惹出了祸端。一次系里全体教师开会批判“五一六”(郭老当时也遭诬陷,被隔离审查)，久违晤面，我情不自禁地顺口唤了一声“郭老”，那知他怒气冲冲地发火：“郭老——就是你第一个叫起来的！今天这里是什么场合，你还郭老不郭老呢……我已经为这个挨批了，批我妄自尊大、居之不疑呢！”听了这话，我大吃一惊，“郭老”二字竟害得维森背上了黑锅，真是欲加之罪何患无辞！我这个始作俑者实难脱罪责啊！直到郭老莫须有的“五一六”罪名抹除前，我都为此有点惴惴不安。

实际上，郭老并非书呆子、迂夫子，而是密切关心祖国命运、时事政治，善于明辨是非，疾恶如仇的性情中人。每每谈及社会上的歪风邪气与官场的贪腐丑闻，他就义愤填膺，挥舞起老拳，一如当年朗诵诗时的激情四射。直到晚年沉疴不起，他依然时时关注社会民生种种问题，令我自然联想到九死犹存报国哀民之心的屈原来。须知伟大的爱国诗人屈原正是郭老一生用力最勤的人物，也是对郭老精神影响最大的楷模啊！

郭老富有才情，他的文章不是作出来的，而是写出来的。他不愿作质木无文的高头讲章，喜爱随意书写自己读书的特有心得感悟，因此他的著作文章往往透出个人的灵气与才气。这里我特别要着重提及的，郭老还是一个不为人知晓的出色抒情诗人。我之前与他几十年交往从来没有过一次诗作赠答，可是 2009 年 8 月初，突然收到他送给我与立兴的一首诗。诗上题写“每日徜徉于校园，偶有所感，草呈一律，谨呈王、吴二位方家，请予指正”：

六十年来著履痕，一花一树总相亲。
频繁噩梦惊风雨，亦有朝阳伴好春。
逝水滔滔恩和怨，浮云片片悔与欣。
星空仰望无限远，方悟刹那一粒尘。

洗砚斋主人敬呈

接读此诗，既欣喜地击节赞赏，又感到些许不安。近年来他身患重症，日渐羸弱，诗中以噩梦、风雨、逝水、浮云种种无常变幻的意象寓寄、追忆 60 年来的人生辛酸，以无垠星空与渺小尘粒的对比，感叹宇宙永恒与人生短暂，透发一袭悲凉之气，流露出深沉的感伤情怀。显然这样的心态极不利于他病体的康复。当时的我，对此特别敏感，心尤戚戚。因为四个多月前，即当年3月底，我突然被查出患有癌症(晚期)，并被告知生命大限只有4—6个月！一时间天昏地暗，有如五雷轰顶，肝肠撕裂，直感震悚、剧痛……背着全家亲人，我号啕大哭了一场，决心置之死地而后生，要为爱我的人与我爱的人活下去！很快我就在精神上挣脱出癌魔的掌控，在亲人们悉心呵护关爱下，经中西医综合治疗，终于攻破了“生命大限”，已安然度过三年了。每一天醒来，总满怀着生之希望，和相依为命的老伴一起迎接温煦的晨曦……接到赠诗，念及老友的身心病痛，我赶快提笔劝慰：

打油一首答老友洗(脂)砚斋主人

每人都是一粒尘，何须为此徒伤情。
噩梦风雨等闲过，恩怨悔欣一抹平。
一花一草生机旺，赖有朝阳暖在心。
躲进书斋成一统，自找乐子得安宁。

南秀村民敬复

我没有什么“雅”号，几十年来一直住在校区南秀村大院，便因地制宜拈出个“俗”号——“南秀村民”。看来我的“打油”起了点作用，他后来出书将结句“方悟刹那一粒尘”改为“多彩人间何处寻”，惜与原诗意味情韵难以水乳交融。

之后，又收到了他的两首赠诗。一首是为我所画的“垂枝梅”题写的：

柔条似柳，
繁华如星。
清韵悠然，
可付流莺。

读后我大喜过望，想不到郭老还是个赏画高手呢。他以诗人独具的慧眼与灵敏的通感升华了拙画的意境与韵味。画者未必然，观者未必不然啊！记得一次小聚聊天，郭老打趣说是我绘画的“粉丝”，在座的淑敏也称是“粉丝”。真焉？假焉？“荣幸”突然而降！大家相互调侃了一阵子。

另一首是郭老、学梅同贺我们金婚之禧的：

疑是梅恋柳，
又似柳慕梅。
不效风逐沙儿缠绵舞，
不羡蝶绕花儿蹁跹飞。
本非并蒂莲荷枝连理，
天意同根醒梦情相随。

这首诗托物寄情，浮想联翩，将梅与柳的真诚恋慕区别于风与沙、蝶与花的轻佻追逐；以“天意同根”巧喻我与老伴青梅竹马的结合；“醒梦情相随”又由梅柳引发出《牡丹亭》醒梦生死情缘，表达了对我们金婚的赞贺与祝愿。构思巧妙，丝丝入扣，蕴含隽永。老友的用心何其良苦！我们为之深深感铭……

遗憾的是我患病后，三年来为寻医问药一直不停地往返沪宁，行色匆匆，未能与郭老常晤面，更无闲情与他谈诗论画，听取他那精到的感悟了。

去年 5 月 23 日我们自沪回宁，第二天郭老因病情加重住进了省中医院。6 月 1 日老伴特地去医院探询病况。19 日我俩一起去探望。我坐在他病榻旁，与他交谈了足足有 50 分钟。他患重症，我患绝症，同遭不幸，更易相怜。我敞开心扉现身说法，力图化解他内心的纠结，并激励他奋起与病魔进行殊死斗争。只见他频频点头，有时又轻轻叹气。我说的多，他回应的少，我提出要和他一起比赛，力争多活若干年。他苦笑笑同意说：“好啊，努力吧……”当谈到住院现状，他紧锁眉头，连声叹息，有时又冒出几句颓丧的话来。我随之劝慰了一番。临别时，我以玩笑口吻警告他：“你可别胡思乱想去‘从彭咸之所居’啊！”

不久听说他从省中医院转到脑科医院，后又转到了省人民医院重症监护室。8 月 6 日从学梅处得知郭老病情恶化，经我们坚决要求，才设法以家属身份于当天下午进入监护室探视，限时 3 分钟。只见郭老闭目静躺在白色病榻上。我们拉着他的手，呼唤：

“郭老！郭老!”他毫无反应。我们泪水夺眶而出……第二天下午郭老终于解脱了病痛之躯,驾鹤西去了。

老友走了,但60年叠印的影像仍历历在目,他的音容永远存活在我们心中。祈愿他在那极乐世界中安享永恒的康乐幸福!

逝水滔滔入沧海,心路遥遥上云天。[①] 阿门!

2012年3月27日于南秀村[②]

---

①《逝水滔滔 心路遥遥》为郭老回忆录书名。

②《南京大学报》2014年第7期发表《忆郭老维森》一文之编前语:作者吴翠芬教授于2014年4月4日逝世,特发表她生前所写的这篇文章以示纪念。

怀念郭老

吴枝培(南京大学)

郭维森同志是我的老师。1953年我考取南大中文系,进校后见到的第一位老师就是他。那时他刚毕业留校,担任我们班的政治辅导员,我们便成为他教诲的第一批学生。他工作认真、热情,经常到宿舍看望我们,关心我们的学习与生活,我们也很敬重他。当时我班同学大多不满二十岁,稚气未脱,不谙世事。有次一位喜欢开玩笑的同学竟然拿一把扫帚放到虚掩的房门上,想捉弄人。谁知郭老师来了,一推门,“啪”地一声,扫帚落地,差点打到他,我们都很紧张,那位肇事者立即向他赔罪道歉,而他只是红着脸笑笑,并没有红了眼训斥我们,连批评的话都没有。从此,这类恶作剧在我们班上再也没有发生过,这是郭老师的宽容感化了我们,同时,郭老师温良忍让的仁者形象也深深地印在我的心中!

我们这届很幸运,系里的三位一级教授都给我们上过课。开学后第一个给我们上课的是著名的国学大师胡小石先生,主讲先秦两汉文学史。那天大家很早就进了教室,铃声一响,大门开处即有三个人依次而入,第一个进来的老先生慈眉善目,神态飘逸,一派儒雅风度,当然是胡老师无疑了。紧跟其后的是戚法仁讲师,手拿一匣粉笔供胡老师用。他配合胡老师为我们上作品选,《离骚》就是他给我们讲的,使我们获益匪浅。最后进来的便是郭老师,手捧一个白布包袱,里面是胡老师私人珍藏的文物,每当胡老师讲到某一重要事物时,他就熟练地从包里拿出一件古董来印证,我们都很羡慕他的这份差事。

1957年我大学毕业，分配到江苏医学院（今南京医科大学）任政治教员，次年我和叶子铭考取中文系研究生，又回到南大。子铭师从著名文学史家陈中凡教授，我师从著名文学批评史家罗根泽教授，和郭老师同在一个教研室。后来我俩又都留校任教，同郭老师的接触就更多了，彼此过从较密，相处融洽。他比我们稍长几岁，一直视我们为师弟，从未以老师自居，他在我们心中也是情兼师友。有次我和子铭闲谈时提到对郭老师的称呼问题，如果仍称他“先生”（那时我们一般都喊老师为“先生”）反觉生分，如直喊“老郭”又觉不敬。突然我俩灵犀相通，认为何不像人们尊称郭沫若为“郭老”那样，敬而近之也称他为“郭老”呢？从此，“郭老”之声便在系里逐渐传开，最后定型。郭老在大家心目中也确实具有仁慈宽厚的长者风范。

郭老师从胡小石，通晓中国古代文学，尤擅《楚辞》和《史记》，著述丰富。他的文章论述全面，见解独到，现举《离骚之“骚”》一文以明之。

关于《离骚》篇名的解释，自古以来已有十余种说法，最早是司马迁说的：“离骚者，犹离忧也。”之后是班固的解释：“离犹遭也，明己遭忧作辞也。”第三种说法是王逸的注本《楚辞章句》：“离，别也，骚，愁也，经，径也；言己放逐离别，中心愁思，犹依道径，以风谏君者也。”这三种解释基本符合《离骚》的大意，故常为后世所取用。但近世学者每欲更求新解，以期更切原意，于是有“歌曲名称”说、“抒发忧思”说、“离歌”说、“离间之忧思”说、“排遣忧愁”说、“离开‘蒲骚’（地名）”说，等等。郭老列举种种说法后认为，这些解释虽有很大参考价值，却不尽如人意，“离”解作离别、遭逢，固然能从《离骚》本文中找到内证，问题是那个“骚”字不好理解。为此，郭老多方查考，终于对“骚”作出“扰动”的解释，因扰动而生忧，可见司马迁“离忧”之说乃引申之义，而非字之本义。郭老引据的材料有：段玉裁《说文解字注》、朱骏声《说文通训定声》、《国语 · 郑语》韦昭注、《汉书》颜师古注以及《尔雅 · 释诂》等。扰动不宁，骚动不安，是屈原思想矛盾的反映，而其内因则是忠君爱国。对此，郭老又多次求证于前人的评论，如钱澄之《庄屈合诂》云："离为遭，骚为扰动。扰者，屈原以忠被谗，志不忘君，心烦意乱，去住不宁，故曰骚也。"戴震《屈原赋注》："离，犹隔也。骚者，动扰有声之谓。盖遭谗放逐，幽忧而有言，故以《离骚》名篇。"

郭老说："《离骚》最动人的是其情，反复曲折充分地表达了作者的感情。这种无比深厚的爱国之情，是不能以功利为标准作出评价的。"诚如斯言，《离骚》洋溢着情，体现了忠，还流露出怨，因而《离骚》中的这种反复曲折的忠君爱国之情，我们可称之为忠怨之情。一怨楚王思想糊涂，信谗背约，不察民情，这是一种带有惋惜的伤怨；二怨党人、群小蛊惑楚王，毁谤忠良，这是一种带有谴责和鄙夷的愤怨；三怨同路人消极退避，随风转舵，甚至堕落变节，这是一种混杂着忿恨与沉痛的哀怨；四怨自己视野不开阔，考虑问题欠周到，这是恨与悟相交织的悔怨。正是这些反复曲折的忠怨之情，才使屈原心烦意乱，骚动不安而作《离骚》。

最后我们还要提到的是，郭老在说明屈原始终摆脱不了对楚国的依恋这种特别深厚的感情时，引用了钱钟书先生的一段话："弃置而复依恋，无可忍而又不忍，欲去还留，难留而亦不易去。即身离故都而去矣，一息尚存，此心安放?"这段话郭老在此前写的《屈原爱国主义思想的时代特征》中已经引用过。这里让我们感兴趣的是钱先生特别用了"欲去还留"即"欲……还……"的句式，这在宋词中常有所见，如李清照《凤凰台上忆吹箫》："生怕离怀别苦，多少事，欲说还休。"特别是辛弃疾在《丑奴儿·书博山道中壁》中的"欲说还休"更是深含爱国之情，同屈原的境况和心态十分相似，词云："少年不识愁滋味，爱上层楼。爱上层楼，为赋新词强说愁。而今识尽愁滋味，欲说还休。欲说还休，却道天凉好个秋！"他目击国亡家破的苦境，为恢复中原，二十二岁就投军抗金，献计献策。但南宋王朝一意苟安，他不仅未受重用，且遭际多变，致其复国大略终不得行，抱憾终身。他年轻时"不识愁"却要"强说愁"，如今他"识尽愁"反而不说愁，一提"愁"就立即停住，还故意说一句风凉话：这个秋天好凉快！这种正反对比，欲言即止的自我克制，充分反映了他内心的极度矛盾和痛苦！精通诗词的钱钟书先生用宋词的这种表现手法来说明屈原的矛盾心情和激荡人心的怨愁，可谓独具慧眼，郭老注意到并两次引用了钱先生的话，同样是慧眼识珠。

郭老退休后仍笔耕不辍，思想常新，不仅把过去发表的学术论文整理成册，付梓成书，还出版了两部新作，令人欣羡。作为中国古代哲理诗的研究，《诗思与哲思》(2006 年贵州人民出版社)颇有特点，是其力作。全书选录汉代至清代的诗歌 170 多首，从思想和艺术两个方面进行赏析，古今连通，中西对比，既“增人感”，又“启人思”，对读者帮助极大。各篇自成一体，全书却有它内在的关联，关于宇宙、人生问题的探讨和思考是其主线。

中国哲学强调“天人合一”思想，崇尚自然。“天何言哉？四时行焉，百物生焉。”人作为自然中的一物，就应尊重自然，效法自然，与自然和谐相处。感悟自然人生是古诗中常见的主题。“阳春布德泽，万物生光辉。常恐秋节至，焜黄华叶衰。百川东到海，何时复西归？少壮不努力，老大徒伤悲！”(无名氏《长歌行》)诗人从万物盛衰变化，时间一去不返的自然规律中，悟出人生须珍惜时间、及时努力的道理。“人生非金石，岂能长寿考？奄忽随物化，荣名以为宝。”(《古诗十九首》)这同样是从事物各有盛衰变化的节律中感悟到“有生必有死”的不可抗拒，故应以积极的态度去应对短暂的生命，建功立业，竭力展现自己的生命价值。陶渊明也说：“盛年不重来，一日难再晨。及时当勉励，岁月不待人。”(《杂诗》)又说：“日月掷人去，有志不获骋。念此怀悲凄，终晓不能静。”可见渊明并不是一味旷达的。有人年轻时总觉得时间过得很慢，来日方长，而一旦年纪大了便感到去日苦多，时光过得太快了：“畴昔叹时迟，晚节悲年促。”(张协《杂诗》)为了获得知识，成就事业，就应及早学习：“青春须早为，岂能长少年？”(孟郊《劝学》)即使年岁大了，仍应保持积极的态势，老当益壮，如曹操说的：“老骥伏枥，志在千里；烈士暮年，壮心不已。”(《龟虽寿》)不同年龄的人虽对运行不变的时光会有不同的感受，但“古人惜寸阴”却是大家的共识。那么，怎样解决好时间与生命的关系问题呢？明代的文嘉为我们唱了一首《明日歌》，告诫人们不可凡事都推诿于明日而被“明日”误了事：“日日待明日，万事成蹉跎。世人皆被明日累，明日无穷老将至。”正确而科学的做法就是抓住今日，抓住当前。这一点他未明说，却被清人袁枚点破了：“昨日之日背我走，明日之日肯来否？走者删除来者难，惟有今日之日为我有。”(《对日歌》)

感悟社会人生，更是诗人所热议的。由于社会专制，动乱频仍，造成人生的不同遭遇、不同心情，有人会伤春悲秋，有人则追求任真。忧生之嗟不可取，听任自然不可无。陶渊明说：“天岂去此哉，任真无所先。”(《连雨独饮》)“真”是渊明一生的追求，它含二义：真实、自然。“任真”可突破拘束，获得精神自由。王维也是一位“任真”的著名诗人，任凭自然，顺其自然：“行到水穷处，坐看云起时。”(《终南别业》)他独自漫步，兴来即往，当走到溪水尽头时，他就优哉游哉，坐看白云生，自在超脱。不像战国初期的杨朱，走到十字路口不知该往何方，难知也难定，只好痛哭流涕；也不像魏晋时期的阮籍，信马由缰，到了无路可走时就大哭一场折回。王维的做法，正表现了人生的另一种态度。韦应物《听嘉陵江水声寄深上人》说的是江水与岩石相击而发出惊人的声响，改变了两者无声的本性而出现了新现象。由此引起的哲学思考是，人生的内心自我与外在之物也是经常处于相激相磨的状态，受其搅扰则不得安宁。若想摆脱这种烦恼，就只有顺应自然，“了此物我情”，结束自己与外界的情感纠葛以达到物我两忘的境界。“物我情”也就是主观与观客的关系，这个问题邵雍的《心安吟》说得好：“心安身自安，身安室自宽。心与身俱安，何事能相干？“心安”应指思想、精神的安定、平衡，无利害争交和得失煎熬。一个身心健康的人，自然不会计较居室的大小，他看到的是广阔的世界。正因为自己精神上得到满足，有着高尚的情操，颜回才能贫而乐，孔子盛赞其“贤”，刘禹锡也才能大谈住在陋室里的快乐，并用孔子“何陋之有”的话以自重。陆游的《落梅》诗特别强调了梅花清高坚强的气节，越是遭遇风雪暴虐的摧残，越是表现出凛然不可侵犯的正气。但梅花的花期不长，对此诗人并没有发出惋惜的悲叹，而是从中发现了梅花的又一种高尚品格："过时自合飘零去，耻向东君更乞怜。"遵从自然规律，过了花期，自应凋谢零落，顺从自然，主动下岗，决不向春神乞求怜悯和关照。寒食与清明是相接的两个民俗节日，既是人们祭祖扫墓的日子，也是春天踏青郊游的时候，已出嫁的妇女也会乘此佳日回娘家探亲，如果是新媳妇还意味着将有新的生命诞生。刘因的《寒食道中》别具一格地把为死者上坟的人和为生者归宁的人交汇在同一条路上，既有欢乐也有悲情，让人产生无限感慨："万古人心生意在，又随桃李一番新。"自古以来，人们生生不息，生意永存，这是生命的辩证法，人类生活的不尽流程。

感悟社会人生的诗歌中有不少是强调奉献社会的励志之作，济世报国，催人奋进。宋祁《落花》是一首咏物诗，处处写花，也处处写人："将飞更作回风舞，已落犹成半面妆。"花已飘零却还要飞起来作最后的舞蹈，落花破损只剩半片了，却仍要保持残缺之美，透露出奋斗不屈的精神。尾联"可能无意传双蝶，尽付芳心与蜜房"，更表现了一种彻底的奉献精神，无保留地献出花心酿成人们喜爱的蜂蜜。植物有代谢，人世有更替，这是无法抗拒的自然法则，杨万里"拼却老红一万点，换将新绿百千重"（《又和风雨》）是用无数落花换取重重新绿，又是一番勃勃生机，喻之以人，就是"一代新人换旧人"。"拼却"也就是拼命，为促进新生事物宁愿牺牲自我，把奉献精神表现得淋漓尽致。后来龚自珍的名句"落红不是无情物，化作春泥更护花"，用意类似。于谦《咏煤炭》也是咏物言志的诗："爝火燃回春浩浩，烘炉照破夜沉沉。""但愿苍生俱饱暖，不辞辛苦出山林。"同样表现了自觉自愿的牺牲精神，甘当人梯，培植后进，甘做红烛，照亮他人。

古诗中的很多名句同样蕴含深意。孔融："河溃蚁孔端，山坏由猿穴。"应璩："细微可不慎？堤溃自蚁穴。"防微杜渐，防患未然。王之涣："欲穷千里目，更上一层楼。"积极向上，不断进取。杨巨源："诗家清景在新春，绿柳才黄半未匀。"注意迹象，掌握先机。韩愈："草树知春不久归，百般红紫斗芳菲。"坚持到底，最后一搏。白居易:“野火烧不尽,春风吹又生。”翁格:“留将根蒂在,岁岁有东风。”守住信心,不忘根本。许浑:“溪云初起日沉阁,山雨欲来风满楼。”感知先兆,未雨绸缪。杜荀鹤:“却是平流无石处,时时闻说有沉沦。”居安思危,有备无患。王令:“子规夜半犹啼血,不信东风唤不回。”顽强执着,坚持不懈。卢梅坡:“梅须逊雪三分白,雪却输梅一段香。”“有梅无雪不精神,有雪无梅俗了人。”优势互补,相辅相成。朱熹:“问渠哪得清如许?为有源头活水来。”增进新知,提高认识。叶绍翁:“春色满园关不住,一枝红杏出墙来。”冲破阻挠,展现自我。郑燮:“咬定青山不放松,立根原在破岩中。”坚定信念,独立不移。

古代哲理诗中,有一类“理趣诗”,堪称精品。“趣”者,生气与灵机也。诗人运用形象化的表现方法,或写人物神态,或写生活小事,或写自然景观,具有从生活中来到形象中去的特点,使作品充满浓郁的生活情趣,富有哲思。

苏轼《题西林壁》:“横看成岭侧成峰,远近高低各不同。不识庐山真面目,只缘身在此山中。”诗人敏锐地发现,在不同的视角下,庐山会呈现出不同的面貌,原因在于置身庐山 ,总不免会受到种种主客观的限制,看不到全局、整体,常会以局部代全体、以主观误释客观而得出错误的结论。这就为我们揭示了一个深刻的哲理:“当局者迷,旁观者审。”其实,“不识”也就是“识”。庐山诸峰本是千姿百态的,从不同的距离、不同的方位以及在不同的气候条件下观看它,其景象都会不同,即所谓成岭、成峰、或高、或低、似远、似近。“不识”并非诗人的无奈感喟,恰恰是这些众多的感性材料经过他的思虑后而得到的理性认识,说明人的认识能力是由简单到复杂、从低级到高级如此提高和发展的。以“识”为“不识”,正表明苏轼不仅看到了认识的相对性,而且也看到了认识无限发展的可能性。这诗虽小,却让人们生发出有关认识论的一套大道理。

苏轼《琴诗》:“若言琴上有琴声,放在匣中何不鸣?若言声在指头上,何不于君指上听?”以弹琴为喻,说明客观的物质存在必须靠主观心灵的驱动,即人与物的结合,才会有艺术的生命。它启发我们，在工作中应使各种因素相互配合，协调一致。

杨万里《小池》：“泉眼无声惜细流，树阴照水爱晴柔。小荷才露尖尖角，早有蜻蜓立上头。”这是一首由小池、小荷、小昆虫等小物体组成的即景小诗，清泉缓缓流淌，几株绿树映照在平静的碧水上，这初夏的阳光也就不显得强烈，而是一派柔美的晴天风光。作诗须佳处领其要，这首诗的佳处就是“早有”敏捷的蜻蜓耸立在尚未舒展的荷叶顶端，蕴含着捷足先登、抢占先机的哲理。

郭老走了，他的音容宛在，文章永存！

（本文曾发表于《南大人文社科》〔2012年6月〕，内容略有增删）

“千古奇冤，江南一郭”·迂主任（外一则）

鲁国尧（南京大学）

一

2011年2月某日，郭维森同志打电话给我说，要送给我三本书。他已经用手杖好几年了，常在南秀村（“南秀村”不是村名，只是南京的一条东西向的小巷子，长约二百米吧）里踽踽独行，如今租了个有电梯的房子住，可见他艰于行走，当然是我去他的寓所。我们欢谈了约一个小时吧，顾学梅同志也参加了交谈。

他的这三本近作，必都有人评论、赞誉，我这里只涉及其中之一。

《逝水滔滔　心路遥遥》，题为嘉林著，香港中国国际文化出版社有限公司于2010年出版。此书分三部分：“写在前面”（第1—2页），“逝水滔滔　心路遥遥”（第1—128页），“噩梦醒来是晴天”（第129—170页）。我今年春节后再次翻读此书，读到最后，看到了我去年的笔迹：“2011年2月11日郭维森赠我，2月13日（辛卯年正月十一日）读毕。”

读至此，不禁抚卷叹息久之，因为再读此书时，郭维森已经于2011年8月7日长辞，人天两隔，曷能再作长谈？

《逝水滔滔　心路遥遥》全书应该定性为回忆录，这绝无疑义。南京大学的学者自撰的回忆录，以书的形式出现的似乎不多，这要问校图书馆采编部的陈远焕同志（这是一位当今难见的热爱书、以书为生命的好同志，可惜要退休了），他为学校图书馆搜集了若干。我收藏的只有三本：一是故历史系王觉非教授的《逝者如斯》（中国青年出版社，2001年），一是故社会学系葛林（南大商学院的缔造者）的《远去的岁月》（自印本），一是郭维森的《逝水滔滔　心路遥遥》。

我对这《逝水滔滔　心路遥遥》，更注重后半部的《噩梦醒来是晴天》。这《噩梦醒来是晴天》叙述的是郭维森在“文化大革命”中的一段经历，如果不读《噩梦醒来是晴天》，我就忘记了“文化大革命”中的一个时段，即大抓“五一六”的运动。自从1976年毛主席辞世，他发动的称为“史无前例”的“文化大革命”随之结束，迄今已三十五年，古话“三十年为一纪”，即已逾一纪了。俗谚“疮疤未落忘了疼”，那么疮疤已落更忘疼，承平日久，会使人容易忘记那十分荒唐而痛苦的岁月的。

读了郭维森的《噩梦醒来是晴天》，能否体味出他那平静的叙述中蕴藏的“感情”？在上世纪六十年代“崛起”了个“接受美学”，其要旨在重视接受者，接受者可有不同的诠释，不同的接受者必有不同的诠释。没有经历过“文化大革命”的人读了《噩梦醒来是晴天》，只能接受这“记忆”，而未必能承接其“感情”，像我这样的经历过“文化大革命”全过程的人，读了这本书，则自有另一番“接受”。《噩梦醒来是晴天》引起了我的回忆，这“文化大革命”的十年是一场大运动，其中含有多个“子运动”（模仿现在风行的“子项目”生造出来的词），这里单表“深挖‘五一六’”的子运动，我记不得具体时间和具体表述，刚从网上查到一条，即“1970年3月27日，中共中央发出《关于清查“五一六”反革命阴谋集团的通知》”。我的回忆，好像是1970年的秋天吧，在军宣队、工宣队的命令下，我南大中文系教职工过半留在南京搞运动，办学习班，这学习班全名该叫做“毛泽东思想学习班”吧，班里有两种人：革命对象是被揪出来的“五一六分子”，革命动力是军宣队、工宣队认定的办学习班的积极分子。另有二十人则去溧阳农场，一边劳动，一边搞运动，这二十人中，三分之一是老人，看来并未定他们做“五一六分子”，但他们也不是好人，属于“历史反革命”类，其余则是“五一六嫌疑犯”，在农场呆了三百多天，直至林彪“九一三事件”之后许久才分批返回南京。

郭维森是没下溧阳农场的，他是被抓出来的“五一六分子”，看了他的《逝水滔滔　心路遥遥》，我回忆起来了：某日，听说郭维森是“五一六”，进了学习班，我大吃一惊。因为郭维森长期以来的表现，堪称温文尔雅，这么一个同志怎么成了阶级敌人，既“反革命”，又“阴谋”，而且参加了“集团”？但是那个时代是不能怀疑的。那时在路上也偶或碰到一些“五一六”上食堂，但是他们总是低着头，板着脸，不看任何人，包括熟人。再后来，过了许多日子，又听说郭维森放出来了。此后见到郭维森该有几百次，特别是在南秀村，经常遇见他执手杖踽踽而行时，我本可以问问他当年成为“五一六”的原委，但是却从来没有问过，其原因大概是应了一句熟语“时间是最好的销蚀剂”。深挖“五一六”的时候，正如这《噩梦醒来是晴天》所云，如果绕行八舍周围以进出广州路，总会看见，一楼的好些窗子钉上了木条，纵横交错，不时地从里面传出“赶快交代”，“不交代就是死路一条”的吼声，并伴着拍桌子的响声。2011 年 2 月 12 日、13 日读了《逝水滔滔　心路遥遥》，不禁使我穿越时间隧道，回到了四十一年前……

再读《噩梦醒来是晴天》，兼加引发的回忆，如果要为郭维森定案，用什么词语？这八字该适当吧：“千古奇冤，江南一郭。”

二

郭维森所说的“晴天”终于到了，即通常所谓的“新时期”。一九九几年（记不清哪一年了，只得如此表述），郭维森接替叶子铭任中文系主任。这位郭主任虽升官了，却不改他的初风，为人温文尔雅，施政也温文尔雅，堪称“政如其人”。我印象比较深的是，他喜欢开会，经常开教研室主任会议，讨论这个问题那个问题，其结果，往往议而不决。这要稍作解释，承他提携，我忝任语言教研室主任，我所讲的都是第一手资料。为什么郭主任开会往往“议而不决”呢？这是因为教研室主任都是跟他平辈的，于是在会上讲话时，老三老四的，不同意见也多，节外生枝的事也时有发生，郭主任因为这些与会的教研室主任都是他的同辈，他也不便予以颜色，更重要的是他秉性是不会给人颜色的，会场的“活”（亦可谓之“乱”，就看你从哪个角度看了）有时搞得他无可奈何。再说，会一开起来，就有个气场，互相启发（新名词谓之“互动”），那意见就越发多了，甚至“纷纭”起来，本来未必对主任提出的某施政方针有意见，但是在会上会受他人启发而“新生”出意见来。这种情况，更使那主持者招架不住。要说明的是，我比郭主任小六岁，按理小半辈，不应多嘴的。但1963年郭维森到北大跟游国恩先生进修，北大中文系将进修教师的党员和研究生的党员合为一个党支部，党支部有些活动也要求非党群众参加，从那时起我认识了郭维森，这么一个因缘，我就跟他“平起平坐”而不认为是“半晚辈”。从四十年前起，我见到他，有时直呼其名，有时叫他“郭老”，他无不应，总是笑着。又，他对我的不逊之言从不以为忤，这也鼓励了我在他召开的教研室主任会上，肆意发言。好提不同意见的还有现代文学教研室主任董健，他见多识广，意见有分量，我因而有时也附和，众人一附和，就成了气候，郭主任就更难招架了。

时间过去了三十年，抚今追昔，当年郭主任如果乾纲独断，不开什么“劳什子会”，不就得了嘛。唉，总是他相信了本本上的“政治民主，军事民主，经济民主”这三句，凡是上了本本的，必是真理，郭主任就信，说他是个“教条主义者”也许可以。

郭主任逝世了，他做过正处级的官，如果按照百年前的办法，应该赐谥的。不过，中国有史以来的官员之滥，弗如当今，这正处级的官儿比六神丸还小啊。但是咱中国的东西就是多，还有个“补充性传统”在呢，叫做“私谥”。我建议，郭维森可以谥之曰“迂”。

三　外一则

走笔至此，不能自已，再写一则，因为跟郭维森也可拉上点关系。

话说郭维森任期满后，接任的是董健同志。董健的任期内，我印象最深的是，他某年休假到俄罗斯去，几个月后回来了，返任，像王安石一样，他要推行"新法"。记得他在教研室主任的会议上说，在俄罗斯的大学里，教研室主任全是由系里该学科最有成就的专家担任，因此我也这么办(要是用魏源的话，则是"师夷长技")。记得被任命的古典文学教研室主任是前任系主任郭维森，郭维森的"屈尊下就"，这多少有悖于几十年来的"能上不能下"的传统，但也可以看出郭维森的大写的"人"的一面。刚从北极熊故乡归来的新主任还说，在俄罗斯，博士论文答辩，总要一天的时间，双方或多方争得面红耳赤，不可开交。他说，这是他在旁亲眼所睹的。听他这么一宣传，在座的不禁都信了，我也不例外。

遗憾的是，不久董主任晋升副校长，这跟王安石变法后的遭际大不相同，虽然他们都在江宁府。可是历史确实"很有趣"，董主任还是跟王安石相同，他的"变法"也很快就夭折了。古人云"政息人亡"，董健健在，且高升了，但政确乎亡了，姑且叫做"政息人走"或"人走政息"吧。

在这儿插叙一点我的"读书心得"。玄奘，我在小学时，就知道这位高僧的名字。近年读陈寅恪，他说："其忠实输入不改本来面目者，若玄奘唯识之学，虽震动一时之人心，而卒归于消沉歇绝。"读冯友兰，他说："玄奘……其所倡导之宗派中，最少中国人思想之倾向。"读吕澂，他说："在隋唐佛学的各个宗派中，慈恩宗被看作最接近于印度佛学的。"读劳思光，他说："玄奘游学印度，承护法后学之戒贤之教，回国即大倡《成论》之说，成为一大势力。然此一支教义纯以印度已有之教义为依归，故不能称为'中国佛教'。"马克思主义(这五字在我求学的时代是"常用词"，所以我至今不忘，今仍使用之)认为,读书需联系实际。以我之见,董健游学俄国,回国后大倡俄国博士答辩之法,最终行不通,其原因,他是个教条主义者。教条主义之痼疾在不合中国国情。咱中国需要"大跃进",怎么能答辩一天?岂非"少慢差费"?争得面红耳赤,岂不影响和谐稳定?中国的国情是什么?某兄弟学校一个上午可以答辩七个硕士生,或三四个博士生。

赘 言

又,北大中文系百年时,出了《史》,浙大中文系百年时,也出了《史》,估计南大中文系百年时,也会出《史》。古来有"官修史"和"野史"两个名目,我这篇小文乃"齐东野人之语也"。

2012 年春于南秀村寓所

怀念郭维森先生

——先师西去，薪火未承，追悔莫及

贾平年（南京大学）

郭先生是我们的任课老师。当年由于我们年少张狂，未能虔诚受教，一无所成。现在想来，愧悔已无及矣。

我们是1956年进校的。当年适逢我国高教大发展，政府号召有条件的年轻干部报考大学深造。学制由四年制改为五年制，培养所谓无产阶级自己的高级知识分子。因此，我们班大部分都是调干生，人数又扩招骤增，号称一百单八将。大家工作过几年，优越感特强，认为自己好像从三山五岳下来的英雄好汉，自负满满。当时，郭先生二十四岁左右，先在我班试教《楚辞·离骚》。不少学生，年龄比他大，以致生大欺师，对先生是有失尊敬的。因此，1957年，当政府号召大鸣大放向党提意见时，我班同学就用漫画形式贴出了“中文系上演空城计”的戏报，城楼上坐着由系主任方光焘先生扮演的诸葛亮，城楼下画有金童玉女两人，看守城门，打扫街道。意谓中文系师资力量已是青黄不接，在唱空城计。其中金童即指郭先生。大字报贴出后，一时轰动全系全校。当时写大字报的人异常兴奋，看大字报的人也啧啧赞好。然其结果，下半年反右时，作画人即被戴上了十大右派之一的大帽子。我们年级也随之成为全校学生班级中的重灾区。这里我们姑且不论右派之错划，就事而言，我们对年轻教师上课是采取了不支持态度的，是有偏见的。古人云“闻道有先后，术业有专攻”，“道之所存，师之所存也”。只要别人在某些方面，有学问，有技艺，不论年龄长幼，地位高低，都是可以成为自己老师的。这是历来从师学艺的准则。当年中大黄侃先生，在北大任教时已是闻名全国的教授，可是他为了受教经学，依然向年轻同仁刘师培先生当众磕头行拜师礼。与他们这种尊师重道的精神相比，我们这些不学无术的后生晚辈，实在是无知自大，思之羞愧难当、无地自容。

一

难道先生真的无业可授、无术可传吗？

郭先生是1950年入校，1953年中文系毕业的，开始先留校担任外系政治辅导员，负责学生工作。1956年才回中文系担任胡老（小石）古典文学助教的。给我班开楚辞课，是第一次试教，1957年他才正式给1957级开设这门课。他在这两次上课的基础上，经过补充整理即写就《屈原和楚辞》一书，于1958年下半年由全国一流出版社中华书局编辑出版，于1959年2月正式发行全国了。先生读书学制短，任课时间少，很快就能著书立说出成果，这岂是一般教师所能做到的！难怪胡老看到自己学生初次送上学术成果时，高兴异常，勉励有加。除了在家留用午餐表示祝贺外，还当场作字，书写条幅送给郭先生，以示鼓励。

《屈原和楚辞》一书，篇幅不长，但为先生一生教学科研道路指明了方向，奠定了基础。后来他在此书的基础上，又应出版社的要求，将此书稍加扩充修订，更名为《屈原》，收在古典文学基本丛书中。前后发行不下20多万册，作为古典文学知识书籍，其发行量算是很大的了。此书文革前已传到港、澳、台地区和日本。80年代在日本还出了日译本。在美国某些学者著作中也提到这本书。

1962年胡老谢世，先生为了完成原先计划《楚辞学史》的研究任务，1963年曾到北大进修，师事楚辞专家游国恩诸先生。后因回校参加“四清”运动，接着又是文化大革命，以致研究计划落空，一切都成了泡影。但是从他后来陆续发表的一些有关屈原、楚辞的重要论文中，已可约略地看出他计划要写的这部书的大致规模和内容。

后来，他又同其学生包景诚合著了《风韵高标的楚辞》一本专著。从横的方面，同先秦诸子作比较。着重在人生观、价值取向、审美追求等方面，探讨他们的异同。

再后来，他又应匡亚明老校长主编的《中国思想家丛书》邀请，撰写了《屈原评传》，就屈原其人，从思想家的个人角度进行评论和挖掘。

从以上诸多论文和专著来看，林林总总，已可说明先生在屈原与楚辞的研究方面，不论深度或广度都已达到了很高的水平，可以说是名副其实的楚辞学专家了。同时他早已被"中国屈原学会"推选为副会长，后又聘请为顾问。这也从另一方面说明先生的学术和人品，已被全国同行所公认。

另外，在古典文学史领域，他对群经、诸子以及汉唐期间诸大家，诸如《左传》、《易传》、《孝经》、《战国策》、诸子散文，以及司马迁、曹操、嵇康、陶渊明、杜甫等等，都不同程度地进行过研究和探讨。从他已经发表过的诸多专论中，可以看出涉猎很广，造诣颇深，都分别作出了不同贡献。

他在贵州人民出版社出版的《诗思与哲思》一书，是一本诗选，从哲理角度，自汉代至清代，按时代先后选出了一百多首富有"理语"、"理趣"的诗篇，进行注释和解说。选诗角度颇有新意，说它是理趣诗的小史也可以。此书解析详明，很受读者的欢迎，是一个很好的选本。

他还应《中国历代名著全译丛书》的要求，出版了《陶渊明集全译》一书。郭先生的译诗长短句相结合，合辙押韵，琅琅上口，极富诗情画意。郭先生从中学时代就喜欢朗诵诗歌，到了大学时代，每逢迎新晚会，朗诵几乎是他的保留节目。他的诗作也很有造诣，《零敲碎打集》中就收有一组格律诗。

总之，先生在楚辞学和古典文学史领域，之所以取得许多骄人成就，这除了与先生平素勤奋好学、基础深厚而厚积薄发相关外，也与胡先生辛勤栽培分不开。所谓名师出高徒，代代相传，就会使事业绵绵不断地向前发展。

二

1966—1976年，无产阶级文化大革命十年，给中国各行各业带来了无穷的灾害。对于青年人来说，则是十年宝贵青春的浪费。1977年全国恢复高考，大学教育开始走向正轨。郭先生相继担任了古典文学教研室主任和系主任的职务。为了抢回文革十年所浪费的光阴，他一改中央大学(南大前身)长期遗留下来的慎重出书立说的老传统。他以古典文学教研室为核心，号召全系青年教师，结合教学、科研，集体著书立说，操练动手写作的能力，借以提高教学质量和科研水平。同时，也为社会普及传统文化知识贡献力量。在这期间，以他为核心相继主编了《古代文化知识要览》、《中国文学史话》和《古代文化基础》等书。出版后，正好满足社会需要，大受读者欢迎，曾多次印刷发行，反响极好。可谓教师、学生、社会三受益，一举而三得焉。

更值得一提的是，为了奖掖后进，他同青年教师许结同志合著了《中国辞赋发展史》(江苏教育出版社出版)，为社会提供了一部扛鼎之作，不论篇幅还是内容都达到相当的高度。他们博览群书，考辨历史，对各代辞赋的积淀和有关材料一一进行了梳理和考察。历时数载，始克完工。他们力破“骚亡于魏”、“赋亡于唐”的旧识，力图从战国至晚清历时两千余年的辞赋艺术发展中，进行全面的探讨和总结。出版后，好评如潮，还获得江苏省社会科学奖。台湾不少高校文科院系都将其作为博士生课程的常用教材。

这部书原是由郭先生主持的国家项目，后请许结同志当助手。许结家学渊源，聪慧过人，老少搭配，相互扶持，终于顺利完成了这项大工程。许结同志现在亦是名闻全国的青年赋学专家了。

三

郭先生还是作家。1946年他十五岁在家乡读初中的时候，就曾在《镇江日报学青周刊》上发表过两篇散文:《山野》和《张老大》。前者写景,后者记人。语言生动,想象丰富,文笔清新感人,颇有文采。后来他转学扬州读高中,其作文《大汪边的钟声》、《春归》,又获得语文教师的激赏,相继被推荐到扬州地方报纸副刊上发表。这几次成功刊出,大大激励了他对语文创作的兴趣和爱好。因此,当他成年参加工作,在南大任教以来,教学科研之余,对文学创作依然念念不忘。一有机会,笔耕不辍,隔三差五地创作出一些作品来。

《大烟囱的故事》,由《大众文学》连载。是写他祖父郭礼徵受其师张謇倡导实业救国的感召,在镇江创办江苏第一家民营电力公司大照电灯公司的故事。叙述了从当初备受官府和地方势力的打压,中经抗战时期日寇的侵吞,以及抗战胜利后,又受国民党接收大员的敲诈勒索,直至解放后公私合营的坎坷经历。这也是一部以郭礼徵为代表的郭氏家族的兴衰史。从中也折射出中国从清末到解放,大半个世纪跌荡起伏的政治经济困境和民族资本家发展的艰辛历程。其中昭示了一条真理:没有政治的清明,社会的安定,民族经济的发展是难以实现的。

《逝水滔滔　心路遥遥》,可以说是先生文学体的自传史。内容从幼年的记忆,到抗战兴起,从镇江到原籍安徽亳州的逃难经历,直到 1976 年文化大革命结束。大约记叙了五十余年光景,详细记述了求学、工作和各种政治运动的种种遭遇。他以质朴清新的笔调娓娓道来,犹如小河之水,潺潺流淌,听者动容,欲罢不能,直至书终。

《噩梦醒来是晴天》是记录抓"五一六"运动时期,自己被错误审查时的人和事。行文中,字里行间,虽有怨气,却有克制,适可而已矣。

《零敲碎打集》,大多是短文。从书名猜度,不难就看出是先生的杂文集。时间跨度,集其一生。内容丰富,富有哲理,使人从真知灼见中感悟人生,是记录先生心路历程的一本好书。

此外,郭先生还编撰了文史学家胡小石先生的传记《学苑奇峰》一书。其中除先生全面介绍胡老一生经历和成就外，其余一组文章，皆为胡老嫡传弟子之亲历。文章感情真挚亲切，十分动人，亦是传记中的一束奇葩。

四

他的为人，正直厚道，质朴低调，不事张扬。他许多个人专著里，从未请自己老师或名人作序言，以求推荐和颂扬，甚至多用笔名嘉林或郭嘉林来发表。这在当今盛行包装炒作的年代里，实在难能可贵。同时他也不为讨好别人，迎合对方而言过其实。他在读高中的时候，老师曾讲做人处事之道要“外圆内方”，但他觉得应该还是“表里如一”好。可是随着年事的增长，在生活、工作中，看到有的人总喜欢上纲上线用大帽子压人，其实是在谋私利的时候。他又觉得“外圆内方”、“明哲保身”实在也是不错的选择。因此，有人就误解他是“老好人”、“和稀泥”或“乡愿式的人”。其实郭先生还是很讲原则的，无论做人做事都是实事求是，诚实做人。从他解放初上大学时期参加“土改”到后来带小分队参加“四清运动”，他从未为表现自己或谋求政绩而冤枉过一个好人。倒是他本人却遭受过两次诬枉之灾。第一次，1960 年文教界反右倾时，针对他《文学遗产》上发表的《古代文学的社会意义缩小了吗?》一文，在学校大礼堂进行了全系性的批判会。性质虽属学术性，但声势规模颇大，对于一个青年教师来说，压力还是很大的。尤其在发言中不少是他尊敬的老师和要好的同仁，使他在感情上留下了一生都难以磨灭的创伤和记忆。

第二次纯属政治迫害。1970 年，在全国开展深挖“五一六”运动中，郭先生被工宣队圈起来办起了学习班，让他交代如何参加“五一六”反革命集团的。工宣队施尽浑身解数，先是开出了优厚的条件，只要交代了就从轻发落，不予追究；继而又让交代了问题的“五一六”分子，在会上现身说法，说明交代了就可回到人民队伍中来。再不行，就让“面上学习班”的全体教师（大部分也是嫌疑对象)进行喊话或围攻,拍桌子敲板凳,大呼小叫闹一通。面对这等架势,他也想到死,但最后还是相信党的政策总是实事求是的,绝不会冤枉一个好人。因此,终于度过难关,坚持活了下来。后来,我曾经问过知情人:郭先生是一个忠厚老实的大好人,既不是保守派也不是造反派,他们只是为了不落个逍遥派的名声,才联合了十来个人组织过一个名为"红松战斗队"的小组织,天天读读报,学学文件罢了,"五一六"那么神秘,为什么会挖到他的头上来? 知情人的回答才使我弄明白:正因为他老实脆弱,才选择他作突破口,指望能咬出一片来。他们哪里知道越老实的人越不瞎编乱造,混淆视听。结果让工宣队白白忙活了大半年。

其实,郭先生是一个急公好义、热爱母校、热爱祖国的人。上世纪 50 年代初,他刚刚毕业留校工作,当他看到中文系资料室藏书实在太少的时候,他经母亲同意把家藏的一部大丛书《古今图书集成》捐献给中文系。此书是中国现存类书中规模最大的一种,搜罗资料丰富,实用价值很高,对教学备课、进行科研,不啻雪中送炭,给教师带来极大的方便。

平素,当郭先生发现学生有困难的时候,他都能慷慨解囊,予以帮助。在我们家属小区大院里,每年一度的捐献活动中,他年年都榜上有名。其实,先生收入并不高,但他在公益活动方面,尽己所能,乐于助人。

总之,观其一生,道德文章集于一身,堪为后生学子的楷模。这除了他本人平素克己奉公、加强学养有关外,也与他对祖传家教的道德规范汲汲追求有关。

郭先生原籍安徽亳州,郭家则是当地的名门望族,书香门第。其曾伯祖莹山公在家谱中即留有《莹公示儿语》,告诫后世子孙"读书必求心得,治家力戒虚浮"、"人生在世,万不可妄语,此所以古人有去伪存诚之训也"等等。其祖父郭礼徵是晚清状元张謇在南京主讲"文正书院"时期的高才生,为人恂恂有礼,对其伯父郭玉珍的家训是谨守不渝的。他对子孙还特别强调儒家"忠恕之道"、勤俭治家以及"仁者爱人"的道理。加之,他紧跟其师走"实业救国"的道路，很早接触西方科学文明，中西结合，开风气之先，其家教还是十分开明的。

其母郭时储洁，是有文化知识的开明主妇。不幸的是在她 24 岁时，其夫因病被庸医误诊而亡。当时她长子一岁半，次子 40 天（即先生），上有二老，下有二小，整个家庭全靠她支撑。她常说“家有万贯，不如薄技在身”、“寸金难买寸光阴”，来鼓励先生兄弟读书上进。她还告诫先生交友要谨慎，要选择品学兼优的朋友去交往。

郭先生就是在这样的家庭氛围熏陶中，在长辈的言传身教下，茁壮成长，铸就了自己的性格和为人准则。

哲人已去，不胜依依！

（此文曾刊载于《金牖》〔南京大学中文系一九五六级学友会刊〕第十七期，2013 年 3 月）

我们的郭老

董　健(南京大学)

在南京大学中文系,凡是上了一点年纪的教职工,提到“郭老”,大家都知道这是指郭维森教授。其实,当他获得这个称呼时并不老,也就二十八九岁吧。他被称为“郭老”,大抵有三层意思:第一,他从事中国古典文学的教学和研究,好拿“古人”、“古文”来说事;第二,他书生气十足,不太懂得现实生活中许多复杂的人和事,成了人们心目中的一位“老夫子”;第三,他为人正派、正直、谦和,又多少有些“古板”,人们喜欢与之交往,对他怀有钦敬之感。

郭老是内向的,内心的痛苦或欢乐并不溢于言表。他富有文学才华,这一点人们都不难看出,但我认为他更大的才华是在艺术表演方面——这种才华被压抑了。他的哥哥是北京人艺著名演员,这说明有家族的“遗传基因”。我在1958年看过他一次业余的表演。那年他二十七岁,是中文系青年教师,我是二年级本科生。他一上台,进入角色,就完全不是平日的“郭老师”或“郭老”了。演的是陈白尘的一出时事讽刺小喜剧,大概是《啊呀呀美国小月亮》吧。他演的是一位大腹便便的美国大老板,极其滑稽可笑,赢得满堂彩,年轻的学子们惊呼:“原来郭老师还有这一手!”他在舞台上所发挥出来的那股幽默、智慧和玲巧、灵动的劲儿,与平日表现判若两人。

就在那次演出前不久,我们班——中文系1957级——发生了一件令郭老不解、不快的事。1958年暑假后的新学期,我们有一门古代文学史的课,由郭老主讲。但班上有些同学到系里提意见:

这样的重头课，应该由老教授来主讲，怎么好叫一位年轻的助教来上呢？主其事者怕学生“闹事”，便换了一位年长的副教授来上课。不久之后我们就知道我们做了一件蠢事——郭老的学问和授课水准都绝不在那位老先生之下。我想，那时郭老一定会在内心里以他的幽默、智慧来嘲笑我们的无知和狂妄吧。

从我结识郭老，到他 2011 年去世，凡 54 年。先是叫他“郭老师”，后是直称“郭老”。我们是在一个共同的历史文化背景下相识、相交、相知的。从 20 世纪 50 年代末开始，我们一起充当了“共产”运动的实验品。我们极为真诚地信仰了那个无限美好的“乌托邦”，我们甘为极左思潮统治下的奴隶而不自知。从“反右派”、“大跃进”到“文革”，我们都是“跟党走”、“听毛主席话”的“忠顺”、“老实”的知识分子。我们这一代 1930 年代出生、1949 年以后接受高等教育的人，今天看来有两大弱点：第一，缺乏自由思想，更无独立人格，有严重的“依附性”，甘当某种政治势力的“驯服工具”。第二，读书少，思力薄，知识结构不合理。

这些看法，我与郭老多次交换过，他不仅完全认同，而且有不少极有价值的分析。记得有一次，郭老不无感慨又颇为无奈地说：“其实，这些弱点也救了我们的命！”他的意思是说，在一个政治集权、文化专制、思想禁锢的时代，一个强烈地要求人格独立、思想自由的知识分子是没法活下去的。中文系几位自杀的教师，就是明证。其中 1965 年自杀的优秀青年学者黄景欣（时年 30 岁），之所以断然离世而去，虽然有感情生活方面的“导火线”，但根本原因就在于他读书比我们多，思考比我们深，追求自由和独立人格的意志比我们强。黄是郭老的好友，郭老所知所感，那是比我深得多的。

这两大弱点，在郭老与我的身上表现不尽相同。相比而言，郭老读书较多，学问相当深厚，追求自由独立的意志在学术研究上也往往会流露出来。这从他对屈原的研究中可以看出。特别是从他对嵇康、陶渊明的那种爱好和研究中，更可以看得出来。他对学术界的极左思潮是反感的，偶而也会作小小的“出击”，引来不少麻烦。记得 1960 年，学术界有人紧跟陈伯达在“大跃进”中提出的

“厚今薄古”的调子，说什么“古典文学的社会意义”会越来越小。郭老便在《光明日报》上发表文章痛批这种极左的文化虚无主义的论调（他的文章以笔名嘉林发表）。结果招来左派的围攻。不仅《光明日报》上连发数文批判“嘉林”，而且在南京大学大礼堂还开了大会来批判他。他听了批判，心里并不服气，曾私下说：“批判者牛头不对马嘴。”但他还是被迫写了“检讨”。但到了“文革”中，他被打成“反革命五一六分子”时，他再也不检讨了。面对强权，面对政治迫害，他决不退让，决不承认给他戴上的帽子。平日里性格平和而一身文弱书生气的郭老，在迫害者面前显得十分坚强。“文革”当局在南京大学大操场召开“群众大会”，宣判一个“反革命分子”的死刑，把包括郭老在内的所谓“五一六分子”押解到现场，扬言如不“坦白交代”，下场就是这样。那位被处死者是南大一位老职员的夫人，人们尊称之“刘师母”（她本人姓瞿，据说是常州人，瞿秋白本家），她写信给毛泽东，批评工宣队、军宣队进大学是胡闹，随即便被江苏当局者判了死罪。郭老是认识这位“刘师母”的。他看着老太太被押去赴刑，但当天会后，当许多人被吓破了胆，“交代”出不少“五一六分子”时，他却铁青着脸，一个字也没有吐！这就是我们的郭老！

坚强，守住道德的底线，顶住暴力和谎言的压迫，是要付出代价的，那就是忍受更大的痛苦，而精神上的痛苦远比肉体上的痛苦更难忍受。这种痛苦，会沉淀在内心深处，即便是环境有了改变时，它也不会完全消失。郭老晚年深受多种疾病的折磨，其中的精神抑郁显然是与他一生所受的精神痛苦的积淀密切相关。

“文革”结束和随即而来的改革开放，曾使我们兴奋过。在上世纪 80 年代，我与郭老都发奋读书、做学问，重新拾起了破碎的理想和希望，以为知识分子的“春天”真来了。但不到十年，我们就发现了自己的幼稚与肤浅。郭老最后的二十多年，虽有不少古典文学研究的著述发表，在教学、科研上极尽心力，还当过三年系主任，但总体上看，并没有完全走出那种知识分子的被压抑的心境。在他去世的 2011 年，他出版了他最后一部书——《逝水滔滔　心路遥遥》,这是他的一部回忆录。从书名的八个字,就可清楚地看出,他想走出某种束缚,进入自由天地,但终于还是被一种东西牢牢地压着,不能完全张开大口,自由呼吸。他的“心路”上还有着非常遥远的、需要继续探索发问的途程。

我们的郭老离我们而去了。他的“心路”没有走完。当我们更大胆、自由地走完自己的“心路”时,也是继承着郭老的遗愿,走完他未完的“心路”。

2012 年 3 月 10 日于跬步斋

(该文曾发表于《大众文学》2013 年第二期)

良师益友好兄长

——悼老郭

汤淑敏(江苏省社会科学院)

老郭走了,我心中所宝贵的又被狠狠地挖掉了一块。

十年来,我接连经历了母亲、爱人、二姐、二姐夫及许多亲友的相继离去,从巨大的悲痛中我逐渐领悟了生与死的哲理,死亡乃人的必然归途,这是无法抗拒的自然规律。在这一点上,人人都是平等的。老郭今年已八十岁,寿命也不算短了。他又多年患病,从某种意义上说,死亡也是一种解脱。尽管对老郭的离去作了种种理性的分析,但是,无论如何我还是无法从深深的悲痛中解脱出来,因为老郭在我心中毕竟占着不是一般的位置啊!

上个世纪50年代中期,我从哈尔滨外语学院转学到南京大学来,老郭当时还属于中文系的青年教师,他给我们班讲古代作品选,我们班上很多同学是调干生,又是转学来的(我即是其中之一),很多人年龄与青年教师大致相仿。老郭上课,一说话脸就红,还不大好意思把眼光直接对着我们这些学生。毕业后,我和叶子铭结婚了,因为他和老叶的关系,我们来往多了起来。再后来,他和我的要好的同班同学顾学梅结合了,我们来往就更密切了。

因为他为人特别忠厚、纯朴,所以与他相处我就很随意,说话也很随便,从不用设防。他特别老实,虽没有存心想欺负他,但又觉得欺负他一下也没有关系,他不会生气,也不会往心里去。

时光飞逝,不经意间,我们认识、交往已有半个多世纪了。在我心中,他除了是老师、朋友,我已把他当作了我的亲人,是可以说说私房话的兄长。我已经习惯于在我生活、学习和工作中,遇到什么难题，常常第一时间就想到找他。他知识渊博，特别是在古典文学上有很深的造诣。我写文章碰到什么疙瘩，就给他打电话，他不是当场解答，就是说让他考虑一下再答复我，他没有一次让我失望。生活上遇到难题，心里有什么纠结的事，我也找他倾诉，他会帮我化解。我觉得他也很信任我，从不把我当外人看，甚至他和夫人闹点矛盾，有时趁他夫人(即我的好友)不在家时，就打电话向我倾诉，他确实把我当成自家的妹妹看待。在子铭病重期间，因为子女不在身边，我一个人遇到很多困难，他和学梅曾给我许多援助和安慰，这是我不能忘却的。

老郭在学识上、思想涵养上等许多方面，远在一般人之上，但他从不摆谱，没有架子，没有一点傲气。

但是，他却有一身傲骨。这在文革后期清查“五一六”运动中表现得极为鲜明。

在运动中，他只是一名普通的群众，某一派造反组织的普通群众。但是，当另一派造反组织掌权时，却把他作为“五一六”的骨干分子来清查。据说，他们的策略思想是：老郭平日是有名的“老实人”，本着先易后难的原则，先把老郭拿下，然后再去击破其他难攻的“堡垒”。谁知，事情并不如他们所想象的那么顺利。老郭这个老实人，竟“顽固不化”，任你如何狂轰滥炸，十八般武艺使尽，一会儿高压，一会儿软磨，老郭就是纹丝不动，坚如磐石。决不信口开河，决不为自己过关，胡编乱造，陷害他人。是就是是，非就是非。他表现了作为一个共产党人的高尚情操和铮铮铁骨，赢得了无数人的尊敬。

老郭走了，我觉得他好像并没有走，他仍然活在我们中间。时不时我又拿起电话，想给他打，向他求教问题。这时我才深切地感到，他确已离去，我如何能不思念今生遇到的这位好兄长呢？

悼郭兄

宋嗣廉(北华大学)

维森嫂——学梅同志:

郭兄离世的噩耗袭来,我实难相信!

郭兄啊,就是今年的元旦在给我的贺卡上不是还兴致勃勃地写下“一年容易又春风,今年不与去年同;玉兔有缘赠灵药,健康长寿乐融融”的共同祝愿吗?怎么时隔半年,你就身卧病榻,不辞而别了呢!万万没有想到,这张贺卡上的留言,竟成了你寄给我的绝笔。你的夫人学梅告诉我,你五月住院时,还特意把我的电话号码带去。你是怕我分担你的病痛,没有向我通报你的病情,就匆匆地不辞而别了!你就这样“一切从简”、默默辞别了你钟情一生的南京大学,你的终生伴侣,你的爱女,你的师友而去!

2011年8月7日,我会永远记住这个忌日。在这一天,我又失去了一位良师,一位仁兄,一位挚友!

与友人宋嗣廉合影(1993年参加“全国《史记》学术会议”时)

我和维森兄结缘是在三十年前的1980年。作为刚刚从“文革”劫难中走出来、初到高等学校任教的我来说,对南京大学的进修,充满了渴望,恨不得一下子把这里名师的课都能听到,把图书馆的相关的藏书都能读完。但最最渴望的还是能遇到一位名副其实的指导教师,把我引进学术殿堂。我幸运地找到了,就是维森兄!他没有一点我所想象的名校学者的架子,是那么谦和近人;他的课没有那么多激情澎湃的铿锵语言,而是慢条斯理地娓娓道来,却引人入胜。对教学中的一些重大课题他从不照本宣科或拾人牙慧,而是旁征博引,融会贯通,客观地介绍"异说",有理有据地阐明自己的"一家之言"。让我见识到了南方学者的学术风采。为引领我走进学术殿堂,郭先生根据我的进修方向,特意为我"开小灶",开列了一张必读书单,推荐了几门(包括南师大)必听的名师课程。进修过半,郭先生指导我完成了第一篇学术论文《试谈〈史记〉人物的个性描写》,继又指导我完成了《史记》艺术研究专题课的资料搜集和讲授提纲。当我结束进修返回吉林师院完成《史记艺术美研究》书稿后,郭先生又特地为之作序,充分肯定了这部著作的学术价值:"在从美学角度去研究《史记》还不多见的今天,可以说这部著作开辟了一新的园地。"我知道,我的研究成果之所以能在国内《史记》研究领域里占有一席之地,有郭先生多少心血啊!在离开南大的二十多年里,每有机会路过南京,无论如何也要看看你们一家;在《史记》研究的进程中,每遴选一个新的研究课题,动手前我都要听听郭先生的指点。我们的友谊就这样天南地北地绵延了二十多年。可如今再也看不到他那"盛福扁脸眼矇眬"的笑貌,听不到他那从"软骨鸡胸"发出的洪亮的声音了!

郭先生对待我这个"进修生"不止是在学术方面精心指导,在生活方面也像一位老大哥一样关照。他深知道我这个年龄比他小一岁的"进修生"在外地生活的艰辛和单调,周日常常邀我到他自己家去尝尝南方口味饭菜,也结识了你这位郭夫人和你们的乖女儿欢雪。在家里,我看到了郭先生的另一面:和蔼温馨的丈夫,慈祥可亲的父亲。冬天到了,南京屋里阴冷阴冷的。欢雪嫩嫩的小手冻得通红,有的地方出现了冻疮。我看见郭先生心疼地捂着欢雪的小手,眼睛都有些湿润了。当时我不由地想到了鲁迅和许广平、海婴一家,想到鲁迅那首《答客诮鲁迅》:"无情未必真豪杰,怜子如何不丈夫？知否兴风狂啸者，回眸时看小於菟？"郭先生"回眸时看小於菟"之情深深打动了我，寒假回到南京时，我没有忘记给欢雪带回了东北的冻疮膏。欢雪，你还记得这些情景吗？

如今，郭兄走了！正像你和你的女儿女婿在代郭维森给亲友的《告别书》中说的：

"郭维森把自己八十年的音容笑貌留在了人间。那就是他——一个勤奋、多思，正直、善良又有些倔强的人。他曾在这个世上轻轻地走过。他尽力了。"

郭兄走了！你的"进修生"，你的老弟，你的挚友，在遥远的北方，祝你一路走好！安息吧！

维森嫂——学梅同志，郭兄的"扁脸"会永远将"福"送给你们，他那"朦胧"的双眼会永远对你和欢雪微笑！

吉林老友　宋嗣廉

2011 年 9 月 24 日

纪念郭维森老师

李　开(南京大学)

眼前放着郭维森老师(1931.9.12—2011.8.7)赠给我的书,有《诗思与哲思》(贵州人民出版社 2006)、《古代文学的现代意义》(论文自选集)、《逝水滔滔　心路遥遥》(香港 2010 年)。当然,还有《屈原》、《司马迁》(1982)、《屈原评传》(1998)等七种。在 8 月 11 日的告别仪式上,由文学院党委书记姚松同志代表学校起草的"生平简介"中,一一胪列郭的著作,听者会意,意在展示郭老师一生不凡的学术成果。读其书,知其人,论其世,《诗思与哲思》的扉页上郭自题:"我思故我在,我在故我思,人生重感悟,生死两由之。"将法国 17 世纪著名哲学家笛卡尔《方法谈》中的名言"我思故我在"放到诗歌赏析中,颇可见郭老师的志趣、学路、风范;第一、二两句将哲人的名言演绎为顶针式的表达,又可见题写者的聪明睿智,甚至不失三分俏皮。但我这里写的,不是从郭著中觅知的,而是当年的近距离所得。

我们中文系 1962 届 40 人入学后不久,在当时"又红又专"的普遍定位下,学子们渐渐风闻并崇拜起三位青年教师,一位是搞现代文学的叶子铭(1935—2005),因为他出版了《论茅盾四十年的文学道路》(1959)一书,一位是搞语言学的黄景欣(1935—1965),因为他的论文不断地被刊发。在"言必叶、黄"之际,还找到了一位搞古典文学的代表,他就是郭维森老师,因为那时他已出版了《屈原与楚辞》(中华书局 1959)、《屈原》(中华书局 1960)。那时出版一本书很不容易,何况已出两本,在莘莘学子的心目中自然是值得崇敬的师长。

1964 年 10 月中文系大部分师生到南通三里墩党校集训，三查三整，一个月后进驻海安县双楼公社搞“四清”。郭老师被分配在新楼大队六队，任工作组组长。时任海安县县委书记的刁守坦在新楼蹲点，我系的老地下党员杨咏祁主任当新楼工作队副队长，杨对郭当然是极为信任的。我在七队，常能见到郭，有一天大清早，我到大队部有事，经过六队，遇到郭，只见他戴了个老头帽，我打招呼说：“这么早，这么冷，您就出来‘转田头’（‘检查生产’的意思）？”他笑着说：“不早啦！我刚才还碰到大队书记出来查苗情。”当时基层干部一律卧倒受审查，心想，郭老师还敢说“四不清”干部的好？接下来，他问了我和贫下中农“三同”的情况，主要是“同吃”，再三叮嘱我要注意身体，我一抬头，只见他清癯削瘦的脸。那年冬天，杨主任想了个主意，为了保护同去的几位学生的健康，防止有人在“同吃”中倒下来，大队部组织了个文娱宣传队，集中居住。有一次遇到郭，他说：“这个办法好，宣传队能长期办下去就好了。”有一次，六队的材料员钱振国对我说，我们郭组长没有架子，和贫下中农打成一片，群众关系极好，大人小孩都喊他“老郭”、“郭爹”。每次汇报工作，我们六队汇报的“战果”总是最少，好像我们都没有干什么事。杨主任担心自己系里的老师在这里犯右倾，就操着浓重的四川口音问道：“老郭，你那里还有什么问题吗？”小钱还对我说，郭组长对他很关心，叫他有空就看看书，再学点文化，不懂就去问问他。我听了禁不住好笑，心想：这“老郭爹”也太不识时务了，整个南京大学都不学文化了，你还在叫一个小青年学文化？四清，确实给人留下了深刻印象。几十年后，有一次在系里，记不得为什么事谈起了体力劳动者，他对我说：“对体力劳动者，我们一向很尊敬的，你知道的，我们一起搞过四清。”

1965 年 9 月回到学校。作为中文系语言专门化的学生，上一次去见黄景欣老师还是四清之前。国庆节后的一天下午，我带着几个事先准备好的问题来到小粉桥南楼找黄老师请教，一想起黄师答问总是那样深刻，句句含哲理，不由得加快了脚步。敲门后没有应答，回头看，见到郭老师正靠着自己宿舍的门框和侯镜昶（1934～1986）老师交谈着。隔着两三米远，他们见到我，便中止了交谈，问我有什么事，我说明了找黄的来意，郭、侯两位老师都很关切地对我说，这几天黄不在，过几天再来。我要问个确数，郭十分友善地说："那就过三天再来。"三天后的同一时间我又去找。这时门开着，见到黄师的二哥黄哲欣（陈哲群）和胞妹黄婉欣。从书籍散落满地和黄婉欣哭肿了的眼睛看，知道出大事了。原来黄师已在9月29日不幸逝世。那时，系里上上下下都为此事保密，郭老师他们也不例外。到1995年我在叶老师的指派下整理黄师的遗著，有一天路遇郭，我告诉了他，他听后说："好事！大好事！"

郭老师的忠厚、老实、正派、谦虚、善良，在中文系是出了名的，没有人会说"不"字。他与叶子铭老师友善，叶说："郭维森是我在中文系信得过的朋友。"到1983年下半年，叶已物色好自己在任三年（1980.10～1983.12）的系主任的接班人，这就是郭。1984年春节前的一天下午，我见到郭匆匆向小粉桥边门走去，和他打招呼，他说："要过年了，去买点面粉、鸡蛋。"我心想，后天就是大年初一了，您才来买这些？我说："郭老师您太忙了！"郭答："这行政工作一来，就什么事……"话说了半句又打住，看样子有点无奈。郭在任的三年（1983.12～1986.12），中文系求真务实，有声有色，事业稳步推进。最耀眼的是提升了一大批中青年学术骨干，中文系后来的一批知名教授、资深教授，很多都是这时提升的，还新建了两个博士点，恢复了新闻专业，开办了文秘专修班，为学校组建了留学生部，为中文系下一步事业的发展和腾飞打下了坚实的基础。

郭老师不仅是专业文史研究工作者，也是文化普及工作的热心人。他早年的《屈原》《司马迁》就是普及性读物，上世纪80年代中期，他领衔主编了《古代文化知识要览》（湖南人民出版社1986），后来又扩展成《古代文化基础》（岳麓书社1995）。2007年11月又以《图说中国文化基础》在新世纪出版社推出。从《要览》到《图说》，成了郭先生晚年从事文化普及工作的一道风景线。直到"文化书满天飞"的今天，这本书仍是融学术性与趣味性于一体的、深入浅出的好书。这几年我应聘在澳门科技大学讲授“中国文化史通论”和“中国文化史专题”，备课中遍观“文化”，但深切体会到，有分量而又适合青年学生口味的，还是这本书。郭本人对他和柳士镇教授共同主编的这本书也十分看重，一次路遇，他很高兴地对我说，有位叫管仁福的同志，写了篇书评，书评对哲学部分作了评价云云。几天后，我信箱中发现了书评的复印稿。

郭老师是热心人，还表现在对后学的奖掖上，我本人就是受惠者之一。拙作《惠栋评传》写成后，思想家中心蒋广学教授为推介此书，约请郭老师为拙作写一篇序，郭老师欣然同意，这恐怕是201部思想家评传中唯一有另序的一部。那时研究“三惠”的人极少，书也很难找到。我接到序之后的第一印象是，不愧为老师、名家手笔。说真的，郭老师未必啃过那佶屈聱牙的惠著酸果，但洞察深邃，捕捉机敏，句句话打中要害，足见其辨析能力，掘进能力。《序》称考据学是清代的“代表性学术”，以其开拓之广，方法之新，影响之大，不能置之不问，犹言拙作选题和问世的必要；二讲吴学、皖学，惠栋、戴震的比较，他们同为清贫孤学，孜孜汲汲，无甚交游，学问是求，犹言拙作纯学术取向之缘由；三讲惠栋为学凌杂，考据饾饤，而拙作每节前都有内容提要，犹言拙作苦心，旨在拼杂为整，系统言之，以求弥合《评传》宏观大体之经营；四讲缺失，不当为尊者讳，实指我言史识力不足，又以“希望”云云，乃顾及学生面子也。短短2000余字，高言大句，快人快语，却又不无委曲婉言，读之而疑：楚骚庄蒙之遗欤？抑韩柳欧苏之遗欤？

前面讲了“当年近距离”，下面讲点“现时远距离”。因我和郭老师不是一个专业的，隔行如隔山，讲不到点子上。就眼前放着的郭著，言其一二：

其一，郭著非常强调先秦的研究，他本人终身力行。郭认为这几年出土文物的大量问世为先秦研究提供了新材料，提出了新课题。诚哉斯言！

其二，郭对屈原情有独钟，一生都在研究屈原。当有人以“秦统一是历史大势”为由非难屈原时，他给出了令人信服的答案：最初秦、楚都有条件统一中国，屈原希望楚国担当，是很自然的事；后来，秦始皇用武力统一了中国，屈原早已在思想文化上统一了另一个中国，秦焚书坑儒，屈原以杰作唤起良知。屈原的思想，并无他求，可与先秦诸子同源合流。“道不远人”，研究者寝馈其中，耳濡目染，深思高举，是不能不受其影响的，外加无韵《离骚》——《史记》之书与司马迁其人，郭的人品学品缘此。

其三，郭著的风格，细味之，雄辩奇峭，正则清丽，是文史的哲思，也是“诗意的栖居”；文字上往往乘势而贯，一气呵成。此等功力，恐怕是从小就积累起的。

其四，回忆录《逝水滔滔　心路遥遥》（署名嘉林），是郭的另一类著作。仅就题目看，就可知是将历史进程的客体世界，与心事浩茫的主体世界紧密结合的书。作者命意要为巴金主张建立的“文革博物馆”所采，于是将“伟大而荒唐”的时代如实记录下来，这本身就是对历史使命的自觉担当。历史的真实，经验的总结，教训的反思，处处可见作为时代精神的代表：将一代精英知识分子的天良之心的搏动，写得严肃、大气、义愤、深切，并极尽“明白人”的幽默、讽刺，令人捧腹，令人一读终卷，谓之“新中国野史”可也。

8 月 11 日那天，见到郭老师的爱女郭欢，我和郭欢是留学生部的多年同事，见到她自然要问起她在国外的情况，知道她已成家立业，这对郭老师当然是极大的安慰。敬爱的郭老师，您有人品高贵可仰止，有宏论伟辞可传世，有爱女婿嗣举飨食，安息吧！

2011 年 12 月写于南京大学文学院

（原载《南京大学报》1073 期，2012 年 4 月 20 日）

郭维森先生一二事

徐有富(南京大学)

我们1962级学生进校时,中文系办公室在西南大楼后面的小楼里,该小楼是美国女作家赛珍珠的故居。她曾于1938年获得诺贝尔文学奖。小楼大门朝东,南面是会议室,里面放着乒乓球桌,常见到年轻教师郭维森与邹恬在这里打乒乓球,当时他们才三十岁左右,显得生气勃勃,让我们暗自羡慕不已。1979年我再回南大中文系读研究生时,郭先生已年近五旬,是一位恂恂长者了。

郭先生没给我上过课,我和他接触不多,我对郭先生一直心怀敬意,主要还是因为硕士学位论文答辩。在论文评议时,某艺术学院有位教授批评我的论文有贴马列主义标签之嫌,我大不以为然。因为我们的论文是在程先生精心指导下写成的。记得我们在写硕士论文之前,程先生为我们提供了八个选题,其原则是:有一定难度,角度新,无人做过,要广泛占有资料,经过努力能够完成。程先生还对每个题目都做了具体指导,如:“《唐诗中的妇女形象》,可分阶级篇、服饰篇。上层妇女、女道士、尼姑、商人妇等的社会地位,看唐人传奇,用作旁证。把妇女服饰摘录下来考证。注意马列论妇女,注意唐人妇女画像。白居易《母别子》对多妻制的揭露,《长恨歌》对爱情专一加以肯定”等等。论文的每一章,程先生都至少看过两遍。根据程先生的要求,我确实对马列论妇女的著作比较注意,在论文《引言》中用了一段马克思的话:“社会的进步可以用女性(丑的也包括在内)的社会地位来精确地衡量。”在《妓女》一章中用了两段恩格斯的话:一段是“现代意义上的爱情关系,在古代只是在官方社会以外才有”;另一段是谈古希腊艺妓的,说“她们由于才智和艺术趣味而高出于古希腊罗马时代妇女的一般水平之上”。我自以为这三段话使用得还是很贴切的。郭维森先生由于在答辩委员中最年轻,所以最后一个发言,他明确说我的论文没有贴马列主义标签现象。当时郭先生还是副教授,人家是教授;郭先生是主人,人家是客人;而且郭先生一贯被认为是位好好先生,他居然为学生的一篇论文得到准确评价,而勇于发表不同意见,不怕得罪一位外校教授。幸运的是我的论文答辩决议也是郭先生当场起草的,评价还不错。现在看来,这不是一件什么大不了的事,但我还是一直难以忘怀。

此外,想提一下的是我有时也收到郭先生的赠书,他在书上都谦逊地一字不苟地写着题词,如《屈原评传》上写着“有富同志正谬”,《中国辞赋发展史》上写着“有富先生赐正”,《诗思与哲思》上写着“有富贤弟倦览”。有的还郑重地钤上名印。我收到赠书,一般都先看一下目录、前言、后记,以及感兴趣的部分,然后往书橱里一插,等需要时再找出来仔细阅读,不过有时候却找不到。譬如郭先生曾送给我一本他自费出版的论文集《古代文学的现代意义》,我见了以后颇多感慨,但是这回翻箱倒柜就是找不着。对比之下,郭先生对待我们这些学生所赠之书态度就大不相同了。记得我曾赠给郭先生一本《目录学与学术史》,他特地打电话给我鼓励一番,第一次电话没打通,还打了第二次。过去我收到书,很少表示感谢,对照郭先生的做法,足实感到惭愧,于是在收到郭先生自费出版的论文集后,特地打了一个电话给郭先生表示感谢。

郭先生很有才华,我读过他的散文《风雨石浮桥》,从中可见他上小学的时候就读过《史记·留侯世家》,并且深受影响,他在文章中说:“我从来不敢以衣冠取人,看一个人也不大看重他的头衔、‘包装’。”“我相信‘三人行必有吾师’,焉知在那些穿着朴素,头上没有各种表示身份、地位的光环的小人物中就没有‘黄石公’呢?”如今社会风气浮躁,真的这么想、这么做的人恐怕已经不多了。郭先生早在读初中时就在报纸副刊上发表过两篇文章,读高中时也有文章在报纸副刊上发表过。他是怀着成为作家的梦想于1950

年考入南大中文系的，1953年提前毕业留校，可见他是很优秀的。1955年胡小石招收侯镜昶为研究生，让由自己负责指导的助教郭维森随同听课，可见胡小石先生对郭维森是很器重的。

我觉得郭先生特别善于写人物传记，著有《屈原》、《屈原评传》、《司马迁》和自传《逝水滔滔　心路遥遥》。其《屈原》的发行量颇大，《司马迁》才出版两个月就重印，而且还出了中英文对照本和日译本，可见也深受读者欢迎。从郭先生写的《胡小石先生传略》中略可窥见他在传记写作方面的成就。作者仅用一万六千字就能联系社会背景、学术渊源，对胡小石在文学、语言学、考古学、书法、诗歌创作、教书育人，以及政治活动等方面的成就作了全面记叙。由于郭先生与胡小石等前辈学者有过亲密接触，他写的前辈学人逸事颇令人神往。如抗日战争前的中央大学"广聘名师来校任教，仅中文系就有王伯沆、吴梅、汪东、黄侃、胡小石、汪辟疆等著名学者"，"笔者曾从辟疆师处见过一帧照片，几位先生身着月白大褂，手摇折扇，徙倚于山石之间，大有'竹林七贤之风范'"。他还谈到胡小石"师亦好京剧、昆剧，1935年，苏州昆剧传习所来宁演出，卖票不及一成，师则每场必往，且与黄季刚先生合买数十张票，分赠门弟子往观"。这一传统一直保持到现在，只是买票的钱由系里出了。作者在传记中，还联系胡小石的诗歌作品，写出胡小石的个性。如："师酷爱戏曲，当时南京有善唱梨花大鼓艺人董莲枝，最善《闻铃》《悲秋》诸曲，每演出，师必往观。曾有诗句'年年花落听歌夜，雨歇灯残不肯归。'""董莲枝流寓四川，并且曾去云南演唱，师一如在南京时，有机会便去听唱。因大有他乡遇故知之感，曾为赋诗四首。其中一首云：'听汝秦淮碧，听汝汉水秋，听汝巴山雨，四座尽白头。'"可见，在南京、湖北、四川，胡小石都是董莲枝的忠实听众。双方也结下了深厚的友谊。郭维森接着写道："1939年师遭母丧，往葬重庆南岸，董莲枝与其夫张盖于路旁，设茶水以待。师十分感动，曾语曾昭燏：'饮此一杯水，胜于富家珍馐百味万倍。'可见师对来自底层人民的这种友情多么重视。"郭维森先生遽归道山，但是他的道德文章将永远受到我们敬重。

“望之俨然，即之也温”的郭维森先生

莫砺锋（南京大学）

四个月前，当我们为郭维森先生举行简朴的遗体告别仪式时，我以南京大学中国古代文学学科的名义拟了一付挽联：“金山江浪，钟岭松涛，试问英灵何往；屈子高风，史公亮节，已知毅魄谁归。”联虽做得质木无文，但对逝者生平的概括是准确的：郭先生生于江苏镇江，十八岁考入南大，四年后毕业留校任教，直到八十岁辞世，一生从未离开南京大学。郭先生的学术研究领域虽然相当广阔，但他用力最勤的则是《楚辞》和《史记》，他最为敬仰的两位先贤就是屈原和司马迁。

我是在1979年秋考取南大研究生后认识郭维森先生的，当时觉得他是一位意气风发但又十分严肃的中年老师，心存畏惧，很久都不敢主动前去请益。但是几年之后，这种情形很快就结束了。1982年初，我开始跟随程千帆先生攻读博士学位。当时学位制度创建伊始，程先生对于培养博士生也没有经验，他决定集思广益，邀请周勋初、郭维森、吴新雷三位老师为助手（那时南大还没有实行副导师的制度），组成了一个博士生指导小组。于是郭先生成了我的业师之一，我们的交往逐渐密切起来。不久之后，我对郭先生的印象就大为改观。以后只要一想起郭先生，《论语》中“望之俨然，即之也温”的话就出现在心头。在我于1984年毕业以前，南大中文系没有招收第二个博士研究生，在将近三年的时期内，全系只有我一个博士生，却有四位老师在负责指导，于是我在攻博期间真是“吃尽苦头”，但是那种严格的训练使我受益匪浅。四位老师对我的指导是有明确分工的，郭维森先生负责指导我读《史记》。他指定我以日本学者泷川资言的《史记会注考证》为主要阅读对象，以梁玉绳《史记志疑》等书为参考书。读完以后，我在笔记本上写了一百条读书札记，作为课程作业呈给郭先生。郭先生认真批阅，几乎在每一条札记后面都有批语，或是指出我的错误，或是指点我再参考别的著作，当然也有一些肯定的意见，偶而还有"读书有间"之类的鼓励的话。郭先生的批语都是用铅笔写的蝇头小楷，其后程先生又用红色圆珠笔增添了几条批语，也许郭先生用铅笔写批语正是一种谦逊的表示。无论是批评还是表扬，郭先生批语的语气都很温和，时常出现"此条似欠妥"之类的话，这与程先生批语的凌厉直截的语气相映成趣。我一直珍藏着这本笔记本，如今这几本笔记本已成为我用来教导刚入学的博士生的"革命历史文物"。

我毕业后留校任教，郭先生正担任中文系主任，他成了我的顶头上司。几年后郭先生卸去系主任的职务回到古代文学教研室，他又成了我的同事。随着岁月的流逝，郭先生身上"望之俨然"的外表逐渐消散，"即之也温"的内心则越来越清晰。无论是安排课程，还是填表之类的杂事，郭先生总是用商量的语气向我布置任务。郭先生十六年前就退休了，但我们都住在南秀村的南大宿舍，所以常常在从宿舍到校园的小路上相遇。此时的郭先生早已满头白发，还因骨质疏松而微显佝偻，步履也很缓慢。有时我老远就望见他拄着手杖的背影，便加快步子赶上前去，与他同行一段路，乘便与他交谈一番。但郭先生不愿多耽搁我的时间，总是说了几句话便催我先走，他自己则依然靠着路边缓缓地行走。郭先生真是一个温和谦恭的老人！

我相信，用"望之俨然，即之也温"的成语来形容郭维森先生，他的生前相识都会同意。然而《论语》中所载子夏的原话是："君子有三变：望之俨然，即之也温，听其言也厉。"事实上郭先生身上也是有此"三变"的，至少我个人深以为然。

郭先生是著名的文史研究者，他的《屈原评传》、《中国辞赋发展史》(与许结教授合著)都堪称体大思精的学术专著。与此同时，郭先生也极其重视学术普及工作，他写的普及读物《屈原》于1960年由中华书局出版，其后多次再版，还被译成日文、英文，在海内外产生了很大的影响。他撰写的《司马迁》以及主编的《古代文化知识要览》、《中国文学史话》等也是影响很大的普及类读物。无论是学术论著还是普及读物，郭先生都以十分认真的态度从事撰写，不但力求准确，而且力求创新。比如他关于杜甫的几篇论文《且去发现一个浪漫主义的杜甫》、《杜甫的赋》等，从题目就可看出富有新意。更重要的是，郭先生在论著中表达的观点立场坚定、态度鲜明，绝无模棱两可或趋炎附势之时弊。以郭先生用力最勤的楚辞研究为例：上世纪80年代，海外学术界掀起了一股否定屈原其人的思潮，国内也有人随声附和。1984年，郭先生向成都“屈原问题学术讨论会”提交了一篇题作《从屈原创作的个性化论屈原之不容否定》的论文，以令人信服的论证旗帜鲜明地肯定了屈原的真实性及其伟大意义，在学术界和社会上都取得了很大的反响。如果说否定屈原其人的观点主要是出于居心叵测的日本学者之手，那么否定屈原爱国主义的观点倒是出于爱唱高调的国内学者的“自创”。对于这种貌似新颖的谬论，郭先生于1990年撰写了《屈原爱国主义的时代特征》一文予以痛驳，指出在屈原的时代，爱国主义有着特定的内容，而屈原的爱国主义又有着独特的表现：对故国、故乡的热爱，对人民的关切，以及对祖国文化传统的热爱。郭先生指出：如果说秦始皇用武力从政治上统一了中国，那么屈原则以他的诗篇从思想上促成了中国的统一。每当我读到这些掷地有声的论述，就不由自主地想起“听其言也厉”这句话。

郭先生退休之后，虽然疾病缠身，但始终不废笔耕，接连出版了《诗思与哲思》、《逝水滔滔　心路遥遥》等书。前者是关于哲理诗的赏析，其中颇有独到的思考。后者是回忆录，在叙事中渗透着明确的价值判断。郭先生的最后几个月是在病榻上度过的，他虽已病入膏肓，但每当说起社会上的不健康现象时，仍会变得慷慨激昂，声色俱厉。凡此种种，都使我产生“听其言也厉”的感觉。从郭先生身上，我加深了对子夏之言的理解。诚然，如果只有“望之俨然，即之也温”而没有“听其言也厉”，那么此人可能仅是一个“乡愿”或“嗫嚅翁”。只有三者齐备的人才堪称君子，因为坚持原则、明辨是非才是君子人格的第一要义，所以《论语》中又称道孔子“温而厉”。

（原载《文汇报》2011 年 12 月 22 日）

追怀郭维森先生(五律)

许　结(南京大学)

与许结、徐宗文合影(1993年在家中)

骑鹤下扬州①，人生得至柔②。
诤言勤国是③，厚德诵同俦④。
抛却声名累⑤，闲观湖上鸥⑥。
中华辞赋史， 尚忆几春秋⑦。

---

① 先生镇江名门之后，其祖父为江苏省华商第一家电力企业创始人，青少年读书于扬州。故借旧句言其得道仙去。

② 先生谦德为怀，亦曾担任中文系主任多年，然以至柔克至刚，乃无为而治典范。

③ 先生于 1976 年 2 月至 1978 年 6 月奉教育部派赴朝鲜民主主义人民共和国"朝鲜外文出版社著作局"，做金日成等人著述中文译本的校阅工作，全组一行三人。又江树峰为先生上中学时的老师，先生去北京时曾往拜望，对时之利弊多有建言，江树峰虚纳其言，并谓转致其侄江泽民(时任总书记)。此事先生与我闲聊时所述。

④ 先生谦德君子，同仁尽知，去岁八十寿诞，我受专业嘱托，代拟寿联曰：乐只君子溥厚德，争光日月见精神。

⑤ 先生平生淡泊名利，当年届退与不退之间，先生毅然言退，并将其关门弟子张宜迁学棣移交于我，故宜迁也成为我的开门弟子。先生遗嘱，不搞任何告别、悼念仪式，不要一切评价式语言(指讣告)，并要求捐献遗体等。

⑥ 几年前，我与先生及宜迁等同游香泉湖，先生安坐高台，闲观湖上飞鸥，兴致甚好，先生与夫人顾学梅老师归后赋诗一首相赠。

⑦ 先生上世纪曾主持"国家教委社科基金资助项目"(辞赋史)，后邀我加盟，合作撰《中国辞赋发展史》，凡七十万言，阅数春秋而成，抚今思昔，书存人去，怆然有怀。

怀念郭维森先生

张宏生(南京大学)

不知不觉,郭维森先生离开我们将近一年了。想起三十年来和他相处的点点滴滴,心头涌起千言万语,可是真正加以梳理,却又不知从何说起。

我 1982 年 2 月考进南京大学中文系,随程千帆先生攻读硕士学位。当时的研究生数量较少,培养方式与现在不同,很少集中上课,因而除了随王气中先生学古代散文,随管雄先生学批评史外,与导师之外的其他老师接触的机会比较少。第一次见到郭先生,是在中文系会议室举行的迎新会上,他的话不多,很沉静的样子。后来他一度担任系主任,在不同场合听过他的不少讲话,却是没有什么机会接近。直到 1985 年 2 月,我在获得硕士学位之后,继续在南京大学中文系攻读博士学位,由于郭先生是"《史记》"和"楚辞"两门课的指导教师,因而接触也就多起来。当时,按照程千帆先生的设计,作为博士生,所修习的课程以精读先唐专书为主,却也并不采取课堂讲授的方式,而是由学生在读书之后,撰写读书札记或论文,老师加以批改、点评。这样,不仅能够通过精读专书而了解一个部类,而且在这个过程中培养了提出问题、分析问题和解决问题的能力。郭先生的提点要言不烦,往往三言两语,给人很大启发。至今仍然记得,我读蒋骥《山带阁注楚辞》,写成一篇非常粗浅的读书报告,他在文章的不同地方加批,非常精到。虽然我后来并没有专门写过楚辞方面的文章,但随他读书时获取的资源,却是终生受用的。

我 1989 年博士毕业时，郭先生已经卸去了系主任的职务，回来担任了古代文学教研室主任。当时，《全清词》的编纂已经停顿，我也就回到了古代文学教研室，在他的领导下工作，接触就更多了。不过这个多也是相对的。南大中文系一向有一个好传统，不喜欢做表面文章，反映在系务工作上，就是能不开的会尽量不开。系里不怎么开会，室里更不怎么开会，这大约也非常符合郭先生宁静淡泊的风格，照他看来，大家能够把精力都投入到教书和治学中去，就是最大的工作成就了。所以，每学期如果教研室有活动，也类似于例行公事。在郭先生领导的教研室工作，大家都很愉快。没有想到，这样的工作格局维持了差不多两年，就发生了变化。1991 年，时任系主任的许志英老师进行改革，将全系的教研室主任都换成年轻人，其中古代文学教研室拟请我担任。许老师来我家找我谈话时，专门告诉我，做出这个决定，除了各个方面的铺垫之外，他还特别征求了郭维森先生的意见。郭先生不仅欣然同意，而且大力支持，认为应该让年轻的一代尽快接手，培养他们多方面的能力。说实话，当时让我来接替郭先生，心里没有丝毫的准备，总觉得刚毕业不久，教研室的老师大部分都是前辈，怎样开展工作，心中无数，因而不免有些忐忑。郭先生数次和我进行了沟通，毫无保留地将工作经验传授给我，鼓励我大胆工作，并承诺有任何事情，他都愿意提供帮助。我一开始做的一些事，如制定古代文学毕业生撰写毕业论文的要求等等，曾得到他的肯定，让我增添了不少信心。从 1991 年到 1996 年，我做了 5 年的古代文学教研室主任，在他的帮助下，一切倒也顺利。

郭先生在学术研究中成就斐然，《屈原评传》和《中国辞赋发展史》等都是享誉学林的专著。与此同时，他也极其重视学术普及工作，他撰写的《屈原》、《司马迁》以及主编的《古代文化知识要览》、《中国文学史话》等，也都很受好评。在这里，我特别想指出他对教材的重视。郭先生做了一辈子的教师，到了晚年，念念不忘的大事之一，就是怎样能够让学生更好地学习和接受中华民族优秀的传统文化。他曾不止一次地和我提到，在古代文学的教学中，应该重视采取对比的方式,即精心选择文本,让学生在比较中,既掌握一般的知识,又锻炼思考的能力。举例说,他在教学中,曾让学生就陈子昂的《复仇议状》、柳宗元的《驳复仇议》和韩愈的《复仇状》加以对读,进行比较,效果很好,为此,他一直想编一部能够体现这一思路的教材,并为此作了充分的准备和细致的安排,甚至对选篇也有周到的考虑。这件事,他本可以带领大家一起做,但是,他却将这个机会让给了古代汉语教研室的柳士镇教授和我。他的理由是,自己已经退休,让我们来做,更能发挥应有的作用。其实,以郭先生的德高望重,他来继续领军,大家一定合作愉快,我们也都一再表示愿意在他的领导下工作。但他执意不肯,一定要我们两人做主编,而他只愿意挂一个"审订"的名。我和柳教授都非常明白,这是郭先生对后进的提携,却之不恭,因此就按照郭先生的思路,组织古代汉语和古代文学两个教研室的相关教师进行撰写,最终于 1999 年,出版了《古文类选》一书。这部教材将中国的古文以类相次,分别是"论说"类、"史传"类、"书信(表、赠序)"类、"杂记"类、"杂文寓言"类和"辞赋"类。在众多的古文教材中,此书至少有下列一些特色:1. 在每一类中,将内容或写作方法相似相近的篇目编在一起,以便读者分析比较;2. 选目注重文化内涵,广泛涉及中国古代文化的多个侧面,一本在手,可以具备多方面的文化知识,而不仅是单纯的文学;3. 重视实践能力的培养,因而附录了一些古注和白文,以培养读者断句、标点、作注及阅读原注的能力。这些思想,大都和郭先生长期的思考有密切关系,也确实使其在同类教材中别具一格,因而也理所当然地受到读者的好评。

郭先生退休之后,除了每年元旦一起聚餐之外,偶尔也能在系里相遇。可是每一次,说不了几句话,他都要匆匆作别。恐怕在他的心目中,是不愿意耽误别人的时间。他认为,我们这一代现在正当盛年,应该抓紧时间,努力工作,不断做出新的成绩。他就是这样一个人,总是为别人着想。去年 5 月的一天,我在校园里碰到朱家维老师,朱老师告诉我,郭先生生病住院了,我当即表示要去医院探望。朱老师就说,郭先生不希望惊动别人,见到探望者,就表现得非常不安,好像给别人添了麻烦似的。因此,我就犹豫起来,我知道,这确实就是郭先生的风格。于是就想,不如就等郭先生出院之后,再去看望吧。可是,不久之后,就传来了他不幸逝世的消息,而我当时正在外地,也无法出席告别仪式,只能委托院里的相关老师代为献上花篮,表达哀思,但心中却有着深深的遗憾。

认识郭先生三十年来,受到他的不少帮助和指点,这篇小文,实在不足表达万一,谨以此表达我的怀念和敬意。

2012 年 4 月 10 日

温和与尊严

严　杰（南京大学）

作为学生，初次见到郭维森老师，他给我的印象是为人温和。从学习期间，到留校工作以后，将近三十年的岁月流逝，我的这一印象始终没有改变。每次与郭老师简短的交谈中，总能感觉到一位长者对我学习、工作、生活等方面的真切关心。

郭老师给我们这一级硕士研究生讲授古代散文，提纲挈领，条理清晰，又能细致入微，指导我们研读高步瀛先生的《唐宋文举要》，引领我们从正途进入这一学术领域。郭老师在古代散文研究上有很高的造诣，只可惜后来没有完成系统的著述。郭老师的学术成果从文体上说，主要表现在辞赋研究；从作家来说，对屈原、司马迁、陶渊明的研究，在学术界都有很大影响。现在想来，古代文学的研究者对于研究对象，特别是对流芳百世的作家，往往会有品格性情上的钟爱，这几位大作家令后人仰慕，他们共同的人格特点应该是正直坚强。郭老师赞扬这几位大作家的高尚人格，其实也反映了他本人的人格特点，即骨子里的正直坚强，我想这是不需多说的。

郭老师退休以后，患有眼疾，但仍读写不辍。在学术研究之外，他回顾生平经历，思考人生，思考民族的命运，形于文字，诚恳朴实。这样的思考与表达可以说是对中华优秀传统文化的传承发扬。郭老师是学术圈中人，生性不喜出头露面，在社会上没有显赫名声，不属于“公众知识分子”，但是郭老师一生正直，献身学术研究，勤于思考社会人生，有谁能说这样的知识分子不是“中国的脊梁”呢？

郭老师晚年著作《诗思与哲思》中解说李白《日出入行》时，引用了三百多年前法国科学家帕思卡尔说的一段话：“人只不过是一根苇草，是自然界最脆弱的东西，但他是一根能思想的苇草。用不着整个宇宙都拿起武器来才能毁灭他，一口气、一滴水就足以致他死命了。然而纵使宇宙毁灭了他，人却仍然要比致他于死命的东西高贵得多；因为他知道自己要死亡，以及宇宙对他所具有的优势，而宇宙对此却是一无所知。因而，我们全部的尊严就在于思想。”看得出来，郭老师很喜欢这段话。因此，我要说，郭老师一生经历了很多坎坷，但他在讲坛上是尊严的，晚年活得尊严，走得尊严。

2012 年 3 月

深切怀念郭维森师

李立朴(贵州出版集团)

时光流逝不返,郭维森老师离开我们已有半年多了,从酷夏至严冬,思念时时萦绕心怀。上世纪80年代在南大读研究生时,郭维森先生是我毕业论文的指导教师之一;毕业后我从事出版工作二十余年,郭师一直给予我关心和帮助。每当想到这些,我仿佛看到老师慈祥关注的目光,听到老师娓娓不倦的话语,如今这一切都成永忆,令我痛彻心扉。今以笨拙的笔写下几件往事,以寄托我对恩师深切而永久的怀念。

一

1983年我从贵州考上南京大学中文系的研究生,在以程千帆先生为首的导师梯队指导下攻读唐宋文学方向的硕士学位,这一梯队由程千帆、周勋初、郭维森、吴新雷、吴翠芬5位导师(二年级时又有从北京调来的卞孝萱先生加入)组成,充分显示了南大中国古代文学学科雄厚的师资力量。读课程阶段,每位导师都根据自己的研究领域给我们同门师兄弟5人授课;毕业论文阶段,程先生作第一导师,其余导师分别作研究生的第二导师,指导硕士论文的写作。

郭维森师给我们开的课有唐宋散文研究和《史记》研究,记得上课之初他给我们提了几点要求,其中有"写字要十分认真","多读原始文献,勿以参考资料、期刊为主"等,程先生和其他老师也有类似的要求，这对于初涉学术的我来说具有重要的指导意义，并且受益终生。现在回想起来，南大严谨求实的学风正是从这些简单的基本要求中体现和传承的。如《史记》课，郭师要求我们必读 40 篇，并一一指定篇目，其中本纪五，表二，书三，世家七，列传二十三。每一篇要作札记，我们感觉受益匪浅。这种方法使我们能直接了解古人的思维和表达方式，而较少受那些华而不实、轻视史料证据、从观点到观点的虚浮学风的影响。最重要的是，由于我们是从原始文献出发，有第一手材料支撑，发表意见心里有底气，比起过去来真是进入了一个新的境界。几年时间学到的知识总是有限的，但学到正确的方法，就受益无穷。有一种譬喻说，面对学术的深山老林，一些老师给学生以干粮，一些老师给学生以猎枪，我觉得自己遇到了后一种老师。

我按照老师的要求认真读书，思考，做札记，写心得，选取感兴趣的角度，搜集资料，分类整理，完成了两门课的读书报告。读《史记》时，我在郭师的启发下，发现司马迁记载当代史的比重很大，这不仅迥异于史官“讳言当世”的传统，而且直接记录“今上”，写作难度也是非常大的。我带着问题读书，觉得《史记》的成功在很大程度上要归功于太史公“意在言外”的写作艺术，通过搜集实例，将论据分为寓议于事、借古讽今、互见比较、反言若正、选材安排等五方面，并举历代研究者的观点以佐证。此文结语写道：“梁启超说：‘旧史官纪事实而无目的，孔子作《春秋》，时或为目的而牺牲事实。其怀抱深远之目的，而又忠勤于事实者，惟迁为兼之。’作为二千多年前封建社会的史官，面对汉廷的严刑酷法，以非凡的勇气和超人的智慧为后世留下真实的历史，这是司马迁最伟大的地方之一。”郭师在此句后画双圈肯定，给我以极大鼓励。

唐宋散文课，我试评韩愈对太史公思想和文风的继承和发扬，乃从不随流俗、寓议于叙、文学细节、不拘形式、语言生动等方面举韩文材料证明之。郭师批阅指出，韩愈的批判精神不及司马迁，这一点必须提及。老师一句话，使我顿悟，深感自己的眼力不足。这篇作业后来以《溯源〈史记〉 别开生面——读韩愈的三篇文章》为题发表在中华书局《文史知识》1988年第9期上，并被评为贵州省古典文学学会首届优秀论文二等奖，我感到，正是郭师的意见赋予此文以较高的价值。几十年转瞬即逝，但郭师的教诲一直印在我脑海深处。

毕业论文我选择晚唐诗人许浑作为研究题目，得到了千帆师和郭师的热情鼓励和悉心指导。许浑被高棅和胡应麟认为是晚唐诗坛四大家之一，但后世争议较大，诗名不彰，学界关注较少，而许浑诗集版本繁多而编次混乱，也增加了课题的难度。千帆师治学的特点就是将考据与评论相结合，郭师对这方面也十分强调，他们的指导，使我在论文的写作中少走了许多弯路，顺利通过了答辩。毕业8年后，这篇名为《许浑研究》的论文公开出版，千帆师欣然为我题写了书名，郭师为我的书写了序。序中说："面对许浑这样一位资料缺少且多难点的研究对象，立朴知难而进，采铜于山，力求资料的完备，又经过仔细的比较、勘研，对于许浑诗集的版本、作品的真伪，以及其生平、交游等，都作出了认真、可靠、令人信服的考证，提供了一种切实有据的参考。在此基础上，进而对许浑在文学发展史上的贡献与地位，也作出了比较公允、深刻的评价。"郭师的褒奖使我深受鼓励，也成为我继续努力学习的动力源泉。

二

1986年我从南大毕业后曾在党政机关工作一年，之后进入出版行业，又有了与学术结缘的机会。令人欣慰的是我有幸两次为郭师的著作担任责任编辑。

1990年初夏，郭师来贵阳参加中国屈原学会第四届年会，这使我得到一个与老师同登黔灵山的难得的机缘，同行的还有郭师早年的系友、上海某高校的包先生。我们从"九曲径"拾级而上，一直到顶峰"瞰筑亭"。立于亭内，贵阳城区尽收眼底，凉风拂面，令人神清气爽。我们在黔中名刹弘福寺院中用素斋，菜名借用鸡鸭鱼肉，外形逼真，却都是豆腐制品，两位老师连声称赞味道不错，兴尽而返。这次愉快的师生聚会使我完成了一次重点图书的组稿，当时我社列入国家八五规划的《中国历代名著全译丛书》中唯一的别集《陶渊明集》约定由郭师担纲译诗和前言，包先生负责注释，合作完成。

一年之后书稿如期寄来，披阅之下，我体会到郭师的译文思考细致，表达入微，又吟诵上口，颇能表达陶诗的韵味。如著名的《饮酒》之五(结庐在人境)译文：

一座草庐盖在人间尘世，
却听不到车马的腾喧。
要问他怎么能够如此？
心飞寥廓，住地就自然荒偏。
在东篱下采摘菊花，
悠然间南山闯进了眼帘。
傍晚时山岚氤氲真是佳妙，
结伴成群的飞鸟纷纷归还。
这里面包含着自然的真谛，
想要辨析却忘了表达的语言。

“悠然见南山”是千古名句，郭师以“闯进了眼帘”来表达“见”字的内涵，真是贴切自然，令人赞叹。直到今天，《陶渊明集全译》仍然受到广大读者的喜爱。

2006年，我虽已离开编辑岗位到集团担任管理工作，但又有幸担任了郭师晚年著作《诗思与哲思》的责编。郭师晚年不废学习与思考，对人生感悟良多，对人类文明遗产中哲学与文学既区别又融合的关系很感兴趣，于是选编历代富含哲理、哲趣之古诗200余篇，加以简注、说解，写成了这本耐人咀嚼的书。在编辑工作即将完成之时，郭师来函嘱我在扉页标注一首短诗：

我思故我在，
我在故我思。
人生重感悟，
生死两由之。

我反复吟咏，感到此诗蕴含着郭师晚年对人生的哲学思考，意味深永，用在扉页上，对全书起了画龙点睛的作用。

三

2010年的教师节，接到老同学程章灿的通知，我回南大参加了中文系举办的“郭维森先生八十华诞庆典”，又见到了和蔼可亲、年高德劭的郭师。老师一头银发，面容清瘦中略带红润，发言时的语调仍像当年那样从容平缓、娓娓道来，同年章灿、凯旋和我与老师寿星愉快地合影留念，寿宴上历届系领导和老师与我们这些不同年龄的学生击掌欢歌祝郭师生日快乐，我心里也盼着郭师能健康长寿。

此后不久，我收到了郭师寄来的三本书，分别是《逝水滔滔 心路遥遥》、《零敲碎打集》和《古代文学的现代意义》，扉页都有郭师的亲笔“立朴贤弟指正　维森敬奉　2010年”字样，我心里不禁惶恐，觉得学生实在担当不起老师如此礼遇。捧读之下，乃知这些文字都是老师晚年对自己人生经历、思想和学术的回顾与思考。当我读到老师晚年从心底写出的这些文字：“我有两只眼睛，看到过许多人间万象。我有一副耳朵，听到过历史的沉重的脚步声。我也有一个头脑，思考过许多许多，但也总难有一个明晰的结论。身不由己，心不由己。”不禁有一种厚重的沧桑感。恩格斯在《致约瑟夫·布洛赫》的信中曾指出历史是由“无数互相交错的力量，有无数个力的平行四边形”而产生的总的结果，并非某种单一的意志所能左右，郭师的思考再次证实了这个重大的命题。

2011年春夏之交，我接到了郭师从南京打来的电话，他仔细地问了我的近况，也说到他的身体和心境，电话讲了有10多分钟，我听出了老师对学生的牵挂和关心，我当时还觉得今后应适当抽时间打电话问候老师。谁知工作一忙，就忽略了此事。8月8日，听闻了郭师遽然病逝的噩耗，悲痛之余，心里隐含着愧疚之感。

郭师是国内有影响的屈原专家之一，他说：“屈原的理想是美的极至，所以他永远处于追求之中。”[1]从郭师晚年的回忆文章里，我仿佛看到在20世纪的沧桑巨变中一个善良真诚的灵魂对人生理想的不断追求。郭师已告别我们远行，但他身上所体现出的屈子那种“亦余心之所善兮，虽九死其犹未悔”的精神，永远影响着他的学生、读者和周围的人，也永远是我前进的精神动力。

2012年3月

---

①《屈原研究国际研讨会发言提要——2000年5月于香港》，见《零敲碎打集》。

忆维森师

张　辉(中央广播电视大学)

去年8月上旬，接到同学程章灿的电话。他悲痛地告诉我："郭老师去世了。"我难过极了。记得前年9月下旬，中文系为郭师过八十寿辰。举办庆寿大会前一天，我和章灿去郭师家，当时老师心情身体都很好。我俩在老师家呆了近一个小时才依依不舍告辞郭师和师母顾老师。怎么也没想到郭师这么快就驾鹤西游……而郭师和其他几位导师对我们像父母对自己子女那样关心呵护的往事不断地涌上心头……

一

1983年，严杰、李立朴、景凯旋、程章灿和我五人从不同地区考上了程千帆先生、郭维森先生、周勋初先生、吴新雷先生、吴翠芬先生的研究生。后来卞孝萱先生从北京调来南大工作，程先生请他也参加指导我们的学习。在我一生五十多年的时日里，这是一段最难忘收获最大得到教诲最多的日子。六位导师还有南大其他授课老师，如中文系教文艺理论的包忠文先生、训诂学的罗正坚老师、明清小说的王立兴老师、历史系的蒋赞初先生、淮阴师专的于北山先生、老学者尹禄光先生等，倾注全部心血，教授指导我们五人。后来我读了千帆师、维森师、勋初师、翠芬师等导师回忆胡小石师祖的文章，他们深情地回忆了胡先生指导他们学习的时光，而他们正是继承了胡先生和中大、金大等老一辈学者教授指导学生的学术传统和风格。我想南大 1952 年组建后迅速奠定了在国内外的学术地位，是这种良好的传统代代相传的结果吧。

按照指导小组分工，郭师给我们开两门课，唐宋散文和《史记》研究。郭师《史记》专题课给我们讲了各种版本，包括日本学者注释本和古今研究成果，版本优劣异同等，使我大开眼界。因我大学毕业于安徽师大滁州分校，几乎没有什么做学问的基础。第一学期，千帆师的《校雠学》给我们指示了治学门径。而郭师和其他老师的专题课让我们得以充分去实践。我比较认真地通读了《史记》，连《天官书》等也未放过。后来试着写了一篇《论汉文帝》作业交郭师批阅。此文一万多字，后来发在 1986 年《南京大学学报·研究生增刊》上。这是我第一次在较重要的学术刊物上发表学术文章，现在已近花甲，回头看来，文章显得偏激了一点。但当时心里是挺高兴的。

郭师在其《零敲碎打集·回忆胡小石师》一文中说："小石师极重感情，对门生弟子关怀备至，授课之余，还带我们参观考察或郊游。我们去过南京博物院、南唐二陵、台城、中山陵等处……在南唐二陵狭窄的墓室里，先生讲解着陵寝的规格结构，该时期壁画的特点等等。许多知识，即使闭门读十年书也未必能够获得。"胡先生还带学生观赏"昆曲流派汇演"并加以讨论。回想我们的导师也是这样。记得吴新雷师给我们讲授小说戏曲时，声情并茂地演唱，并指导我们去观看昆曲。我幼小时随母亲在离县城二十多里的乡村上小学，初中、高中皆在农村，从来没有看过昆曲，第一次看昆曲，大开眼界。吴翠芬师带领我们去参观并讲解南唐二陵，我们第一次进了皇帝的陵墓，非常好奇。后来 80 年代末我去参观西安郊区的宏大的秦始皇陵，有感而发，还写了一篇《秦始皇陵和南唐二主陵》发表在上世纪 90 年代初的《语文报》上。郭师继承的这种南大前辈学者培养学生的传统，但愿一代一代薪火相传下去。

二

在南大的三年是我一生最充实最愉快的三年。1986年春我们要毕业了。千帆师、勋初师鼎力举荐我到教育部高教一司科研处工作。时任中文系主任的维森师大力支持。临离开南大前夕，去维森师处辞行。他亲切嘱咐我努力工作，并给他的老朋友、著名语言学家、时任语文出版社社长的李行健先生写信，请李先生关照我。我后来在京多次向行健先生请教学习。郭师这种对弟子关怀备至的深情，我会永远铭记在心的。

我到京工作以后，每次听说郭师来京，都去看望。记得1987年冬，郭师到他兄长郭维彬家。我去后郭师热情挽留我在维彬伯父家吃午饭。饭后陪郭师去王府井中华书局购书。记得那次郭师买了很多古代典籍。然后我送郭师到东四民航乘大巴去机场。我提出送郭师去机场，郭师坚持不让，其情其景至今仍历历在目。

还有一次郭师来京治疗白内障，我去看望。那次谈了很长时间，郭师回忆他在1964年随匡亚明校长去海安参加四清的情况。因我前二十九年是在苏北皖东的农村生活的，对郭师讲的细节至今印象深刻。郭师还说，他从来不以衣冠取人，看一个人也不大重他的头衔名气。他以为在下层民众中，有许多奇才异能人士。一位毫不知名的青年人，会使满头白发的老人自愧弗如；一位无什么学历的人，其水平或可让有些专家学者暗自吃惊。我现在年近花甲，经历的很多人事都证明了郭师的正确。

三

郭师追悼会前一天，我赶到南京。晚上听姚松老师讲了郭师患病治疗情况，悲痛万分。第二天跟严杰师兄一起乘车去参加郭师追悼会。当时看见了很多二十多年未见的老师、同学。如董健先生、朱家维先生、包忠文先生、王立兴先生、莫砺锋、赵宪章学兄……因大家都在悲痛中，也没有一一趋前问候各位老师。

当时天下着小雨，南大和中文系对郭师追悼会极为重视，参加追悼会的人员极尽哀思，悼念为人真诚厚道、宽容大度、关心国家民众、关爱友人弟子的维森师。维森师在天国一定会含笑的……

郭师一生笔耕不辍。仅从郭师 2010 年 10 月寄给我的《零敲碎打集》、《逝水滔滔　心路遥遥》《古代文学的现代意义》等著作集里看，最早二文是 1946 年郭师十五岁时在《镇江日报学青周刊》上发表的散文《山野》、《张老大》，最晚一文是郭师七十八岁时发表在 2009 年的《古典文学知识》上的《辞赋的医疗作用》，时间跨度达六十三年，郭师这种一生笔耕不辍、贡献给我国学术事业的精神是永远值得我学习的。

2012 年 3 月

怀念郭维森老师

程章灿(南京大学)

1983初夏的一天,天刚刚有些热,我到南京大学参加硕士研究生面试。面试的地点,是在北园西南楼二楼的一间小教室里,那时候改作古典文学教研室。那是我第一次见到郭维森老师。参加这场面试的老师,我记得还有程千帆先生和吴新雷先生。那一年,南京大学中文系中国古代文学专业招收的是唐宋文学研究方向的硕士生,我和另外四位同学参加面试,后来都被录取了。面试的时候,各位老师分别问了一些问题,有一些问题我到现在还记得,大多数问题却都忘记了。郭老师留给我的第一印象是:圆圆的脸,戴着眼镜,一双笑眯眯的眼睛,特别和霭可亲。后来,我跟郭老师接触多了,从听他的课,到与他共事,再到郭老师退休,前后二十八年,这最初的印象一直留下来,没有磨灭。

硕士学习期间,郭老师给我们上了两门课程,一门是"《史记》研究",另一门是"唐宋散文研究"。他上课极为认真,对文本精讲细析,一丝不苟。上这两门课时,他很注重让我们阅读原始文本,获取第一手资料,并划出指定篇目,要求我们精读,要求每篇都写读书札记。这种读书法使我们受益匪浅,让我们体会到掌握第一手材料的重要,也享受到优游沉浸于文献文本之中的乐趣。现在想来,这其实是引导我们打好基础,练好基本功,慢慢步入做学问搞研究的大门。郭老师不仅注重文本解读,而且还介绍各种研究资料,扩大我们的眼界。以前读《史记》,我大体上只看重太史公的文章,甚至只是注意其中生动曲折的故事,对有关

《史记》的各家注释以及研究成果既不关注，也就几乎毫无所知。在郭老师的“《史记》研究”课上，我才真正了解了《史记》三家注的重要性，也第一次知道了日本学者泷川资言的《史记会注考证》，并开始对国外学者的汉学研究有所注意。后来，我继续跟随程千帆先生攻读博士学位，程先生要求我阅读《史记》全本，并将指导读书的任务交给了郭老师，于是，我又在郭老师指导下再次研读《史记》。如今，翻开家中的《史记》，上面还留有我当年阅读时的批注，再翻开当年完成的课程作业，还有郭老师的批阅意见，捧读在手，不禁感今思昔。

1989年我博士毕业留校，很荣幸地与郭老师成了同事。我们俩同在一个支部，最初一段时间，支部活动比较多，每隔一周，就有一次所谓的学习，其实也就是大家在一起聚会，交流对时事政治的看法。那是一个比较敏感的时代，国家发生了那么大的事，社会经历了那么大的动荡，校园内外都不太平静，有人激愤，有人彷徨，有人迷茫。我刚刚工作，从没有经历过这一类事，好在有诸位老师们带着，很平顺地度过了这个过程。曾经有一次，因为另一件事，我小有一点牢骚，也许还微微形之于色，并没有人把这当一回事。只有郭老师敏感地察觉到，过来跟我谈话，批评我，也开导我。虽然我当时未必赞同他的说法，认为他的想法过于善良，但另一方面，我也知道，他的批评绝不是故意在我面前唱高调，相反，他是言行如一的。他温和谦逊，向来淡泊名利，是一个谦谦君子。这件事让我体会到，他是真的关心我，爱护我。

文如其人，学亦如其人。郭老师所选择的学术研究领域，也与他的性情密切相关。他的治学主要集中在四个方面：一是屈原《楚辞》，二是司马迁《史记》，三是陶渊明的诗歌，四是辞赋研究。在这几个领域，他都有成果，即《屈原》、《屈原评传》、《司马迁》、《陶渊明全集译注》、《中国辞赋发展史》这几种专书。《屈原》和《司马迁》虽字数不多，但书中娴熟运用了大量的史料，加上细致缜密的解读，没有随意戏说，没有妄加推测，字里行间倾注了老师对屈原、司马迁高洁正直人格精神的赞美，充满了对他们遭受迫害坎坷的感慨和悲愤。《陶渊明全集译注》力求准确译出陶诗诗意，同时也很重视推敲字句，使译文更富诗歌的韵味。《屈原评传》既论述了屈原的文学业绩，又从政治观、天道观、人生观、审美观、爱国思想等方面，分析了屈原在中国思想文化史上的突出贡献与深远影响，论证了他在中国思想文化史上的重要地位。对于屈原的生平事迹、作品真伪等问题，郭老师总是介绍众说，并认真分析，避免率尔立说，不作简单化结论，体现了他的审慎严谨的学风。他的辞赋研究，是从屈原《楚辞》研究拓展而来的，后来他主持了教育部社科基金项目"中国辞赋发展史"。他与许结教授合作的《中国辞赋发展史》，早已成为新时期中国辞赋史研究的标志性作品。在中国文学史上，屈原、司马迁、陶渊明都是伟大的作家。屈原对于理想的热烈追求，司马迁的高洁人格以及《史记》的抒情性，陶渊明恬淡平和的人生，在郭老师身上都留下了深深的烙印。他固守学者本色，坚持淡泊谦逊的人生，执着追求自己生命的意义，他的著作文笔优美，有浓郁的抒情色彩，突显着他的诗人气质。他之所以对屈原、司马迁和陶渊明情有独钟，正是因为主客双方气性相宜。

退休后的郭老师，依然勤奋读书，笔耕不辍。我不断收到他赐赠的新著，有《诗思与哲思》、《逝水滔滔　心路遥遥》、《零敲碎打集》和《古代文学的现代意义》等，捧读着这些新著，不禁感叹老师的勤勉，眼前就浮现出一幅秉烛夜读的画面。要知道，这些著作都是他在晚年撰作的，他的视力本来就不好，退休之后，眼疾又有加重之势，曾经专程去北京看过，1998 年初手术后，左眼已失明。在这种条件下，看书写作，已经脱却所有名利的计较，不仅需要对专业的挚爱，还需要很大的毅力，才能坚持到底。《逝水滔滔　心路遥遥》是郭老师对自己一生的回顾，我印象比较深的是在书中读到他中学时代写的文学习作和发表的诗作，年青时的郭老师也曾是那么意气风发，充满浪漫情怀。书中还写到他在"文革"中的经历，让我了解到，这位平和的好好先生身上是有硬骨头的。其他几本书，有的是郭老师晚年对人生的思考，有的是他对学术研究的回顾，有的则是他对古诗中的哲思的思索，体现出一位学者不断进取、探求人生意义和学术真谛的可贵精神。退休以后的郭老师，读书没有停止，写作没有停止，思考也没有停止。

2010年教师节，南京大学文学院为郭老师举办八十华诞庆典，中国古代文学学科的同仁们和专程从远道赶回母校的以前的毕业生们济济一堂，气氛隆重热烈。此前，我就想为郭老师撰写一副寿联表达我的心意。再三思量，觉得郭老师学者本色，手不释卷，一生淡泊，晚年又特别喜欢陶渊明诗，于是决定从《陶渊明集》中集两句诗作为对联，希望诗句既能体现郭老师的人品道德，又能表达贺寿之意。几经翻拣，终于选定陶渊明的两句诗："诗书敦宿好"，"王母怡妙颜"。上联是说郭老师的爱好，下联是说郭老师的形象，他为人慈祥和蔼，笑颜常开，妙如王母。选定诗句后，我又特意买来颇有喜气的红底洒金瓦当联宣纸，操笔书写。我平时爱好书法，但疏于练习，一副对联，前后写了十几副，最终才从中挑选出一副勉强过得去的送去装裱。华诞庆典那天，我将这副对联送给郭老师，对这菲薄的秀才人情，郭老师很高兴地收下了。庆典之前，我特地通知了远在外地工作的硕士同届同学李立朴和张辉，他们都不远千里，赶来为郭老师祝寿。师生相聚，其乐融融，大家都衷心祝贺老师健康长寿，晚年幸福。我们一起吃了生日蛋糕，最后，我和几位同学一起送郭老师回家，郭老师还回赠每人一个好大的寿桃，汁很多，很甜。

郭老师的家原来住在六楼，那栋楼没有电梯，老人上下楼颇为不便，后来，为了他出行方便，到另一栋有电梯的楼房租住。这有助于他活动身体，呼吸户外的新鲜空气。八十大寿庆典那天，郭老师面色红润，思路清晰，腿脚虽然不太灵便，暂时倒也没什么大碍。没有想到，仅仅过了半年多，就传出郭老师身体不太好的消息，而且越来越不好。2011年5月，郭老师住院了。期间我去省中医院探望，当时病情不太稳定，郭老师话并不多，但我心底里还是期盼着老师能以他顽强的毅力闯过这一关，却没有想到，他连那年夏天都没有挺过去。也许，对他来说，早点结束病痛的折磨也是一种解脱。

如今，郭老师虽已离我们远去，但他的音容笑貌依然是那样清晰，时时浮现在我的脑海中。多年以前，他开导我的那一席话，我至今记得，记得那是他对学生的关心和爱护。他当然也说过一些鼓励我的话，我听的时候笑笑，过后就忘却了。

"蕙茂兰芳，怀好雨知时，玄圃遽归空洒泪；经传道在，念和风拂座，绛帷长闭黯伤心。"这是郭老师告别仪式上我代表专业拟的挽联。这是我的心情，相信也是大家的心情。

（原载《中国社会科学报》2012年4月9日B07版）

追忆郭维森老师

杜玉俭(广州大学)

一

我1989年考入南京大学中文系,读古代文学专业研究生,当年古代文学共招收六位同学,其中先唐文学方向四人,即管仁福、吴建辉、李宗长和我,明清文学方向二人。先唐文学导师组由周勋初、卞孝萱、郭维森、吴翠芬、莫砺锋五位先生组成,同一导师组也负责唐宋文学方向的指导,先唐文学和唐宋文学交替招生,先我们一届的1988级是唐宋文学,晚于我们的1990级也是唐宋文学,导师组成员不变。我们这一届与前后有些不同,由导师组共同指导,前两年未明确指定导师,到论文开题后再指定合适的老师指导论文写作,这应该是在研究生培养方面的一种试验。

郭老师共为我们开设过两门专业课,一门是"先唐散文",第一学期开的,其时古代文学教研室尚在西南楼,在教研室内听课的除了我们四人,还有南航社科部的一位进修生。课程结束时,郭老师要管仁福就《孟子正义》做读书札记,要我就《论语正义》做读书札记,后来管师兄的硕士论文选题就与孟子有关,我在广州大学开设《论语》课至今十多年,与当时的课程作业也有关系。第二年开设"专书阅读",上课地点改在文科楼,指导我们四人读洪兴祖《楚辞补注》,课堂上逐句细读《离骚》,要求我们课后查阅相关资料以备课堂讨论。这门课结束时只读完《离骚》,但通过这门课,使我们大致了解学术史上的有关争论，对如何细读文本并通过细读发现问题也进行了很好的训练，就我个人而言，也是第一次基本读懂《离骚》。

学生时代对老师心存敬畏，除了上课、交作业时有所交谈，课外跟老师的接触不是很多。

二年级下学期论文开题，管仁福师兄和我二人确定由郭老师指导，管师兄写孟子与荀子散文的比较，我开题时报告的题目是汉武帝时期文人心态研究。

我论文的写作相当艰难，深感自己理论概括能力不足，难以把握一个时代的士人心理变化过程，读董仲舒《天人三策》时有一些小发现，遂缩小论题，改写董仲舒《天人三策》的写作时间及其心理特征，写作过程中郭老师多次提醒，不要就事论事，要挖掘董仲舒坎坷经历的深层原因，但限于我当时的认识水平，很难不就事论事，郭老师只得自己从恩格斯的著作中引用一段话，加进我的论文结尾处，对论文意义进行提升。

答辩后不久就要离开南京，我到郭老师家辞行，问他有何建议，郭老师说了两点：其一，一个单位往往有派系，要避免卷入派系斗争；其二，他转告他自己走上讲台之前其师胡小石先生告诫的“慢！慢！慢！”连续三个“慢”字，意谓新教师初上讲台，急欲把准备的内容教给学生，其实效果不好，速度慢些，学生反倒能更好接受。后来在工作中体会到，要避开派系之争，需要很高超的处世技巧，并不容易把握，郭老师所告诫，是从他自己的人生经验中得出的，而青年人出于不自觉，易陷入无谓的派系纷争，不仅自己苦恼，也不利于工作。初讲课时不能太快，我后来指导教学实习，也每每以此言转赠。

工作以后，距离南京较远，回乡时也不顺路，很少回去，跟郭老师主要通过电话联系，《屈原评传》出版后，郭师曾邮寄一册。

二

2000年“五一”节前后，与郭师通电话时知道，他月底要赴香港开会，会后若身体状况许可，拟在广州停留几天，我当然很兴奋，知道消息后就与单位联系，安排一次讲座。郭师23号乘飞机到深圳，第二天到香港，25号起开会，28号下午抵达广州，31号中午离开广州返回南京。在广州几天，我形影不离地陪侍，已经不像在南京时那样拘束，或在游览过程中，或在我家书房，我断续问一些老师经历中的问题，郭师的回答可以说是具体而微的口述自传，他们这代人磨难多，个人遭遇能折射一个时代的变化。那时我喜读文化人的回忆录、日记之类，也建议郭师写自己的经历，为后人理解那个时代提供一些生动的材料。郭师离世后我看到《逝水滔滔　心路遥遥》一书，可说是一口气读完的，用时约八个钟头，上午拿到书开始阅读，中午没去吃饭，直到读完后才去吃晚饭。读的过程我把书中内容与过去听老师口述经历对照，有些经历书中所写较详细。读完全书，难免有意犹未尽的感觉，主要是郭师太谦虚，一直认为自己不是名人，既然写作目的在记录大时代，对个人的事，则尽量从略。当年听郭师谈经历，有些可补充该书，以下根据日记记录当时谈话中涉及经历而《逝水》一书所略者。

28号晚饭后在我书房叙话，郭师先谈在香港举办的屈原国际研讨会情况，会议由香港中文大学、北京大学中文系和屈原学会联合主办，邀请四位嘉宾发言，即饶宗颐、吴宏一、褚斌杰和郭师，为此次会议，郭师本已经准备好论文，即有关《离骚》求女情节来龙去脉的那篇，赴会前会务组通知说，嘉宾可不限论文自由发言，并且不限定时间，故郭师在论文之外准备了发言提纲，到了香港，会务又通知取消自由发言，改为宣讲论文，准备的自由发言没用上，正好可在讲座时使用。次谈及《学苑奇峰——胡小石》一书的编辑，郭师说此书组稿甚不易，前几年开三老纪念会时编过一次，不久前南京博物院编过一次，胡小石晚年弟子皆曾写过文章，而早年弟子多不在人世，无处约稿。我谈到不久前读过的常任侠日记之选编本《战云纪事》记胡小石先生事较多，郭师说，非常遗憾，他开始时没能看到，不然材料可丰富些。[①] 又谈及学风之变化，郭师说，胡小石那一代并不讲究论文数量，有些著作是后人整理的，汪辟疆先生的很多观点写在他阅读的书上或日记中，整理的难度更大。

当晚与华南师大陈永标老师打电话，陈老师邀请明晚到他家，并告诉详细地址，其后又与暨南大学李文初教授打电话，郭师说，他在北大跟随游国恩先生进修时，李文初正在跟游先生读研究生。

29号，上午陪郭老师游越秀公园，登上著名的五层楼——广州博物馆所在地，下午参观南粤王墓博物馆，对汉代地方割据政权的文物，郭师甚感兴趣，拍了一些照片。接着游陈家祠，从那里打车去华师陈永标家，叙话中我才知陈华东师大毕业后跟随罗根泽先生读研究生，但为时不久，罗先生即去世，改由陈中凡先生指导，他在读研究生时就与作为青年教师的郭老师熟识。他并且说，已经报告华师中文系，晚饭由中文系安排。在招待所吃饭，除陈永标外，还有其系主任和一位副主任作陪，席间知道，华师中文系准备申报古代文学博士点，已联系调进扬州大学的戴伟华教授和陕西师大的栾栋教授，并把中文系老师的代表性成果印成一本厚书，托郭老师带给叶子铭教授。席间郭师说，博士导师的批准很看重梯队，钱南扬先生的成果够博导资格，但因梯队不够完整而没能成为第一批博导，其后即去世。

回家的车上谈社科院主持编写的十四卷本文学史之宋代卷，郭师说，余冠英先生主持这项工作，宋代卷要南大做，由程千帆先生主编，但程先生因要另外写宋代文学史，未接受。后来郭师到北

---

① 俭案：就目力所及，记述胡小石先生事迹而不在南大历次所编纪念集中者尚有《常任侠文集》中记“夏庐师”之文，云南大学历史系李埏教授论文集中记胡小石先生在昆明期间为其写字事，复旦大学蒋孔阳之妻濮之珍胡小石之研究生所写追忆学校及胡先生之文，看到这些材料多在与郭师此次谈话之后。

京拜访余先生时，余先生要郭师回南京后千万劝程先生接手，但程先生始终未松口。此后该卷改由南京师大主持。

30 号上午陪郭师先到海珠广场，后步行到人民公园——当时已是完全开放的公园，有戏迷自发的粤剧演出，看到粤剧，又说到京剧，我当时颇迷京剧老生的演唱，国家级京剧院团到广州的演出，那几年我基本都看了，当时郭师并未谈及他能唱，后看回忆录知道，他少年时代浸淫于此很深。

中午陪郭师进广州师专，师专在广州东北郊的一座水库边上，依山傍水，风景极美。略事休息，就去图书馆报告厅为学生讲楚辞问题。在前去图书馆的路上，谈及郭师就读的扬州中学，郭师说，语文老师多数对他很好，只有一位老先生例外（回忆录中提及作文题目"交友"事）。言及江树峰，说很多年跟江老师没有联系，上世纪 80 年代扬中同学聚会，郭师因故未能参加，江树峰先生问起郭师情况，后来同学把这一情况转告郭师，郭师到北京时曾带自己部分著作专门看望江老师。

讲座内容是预备在香港大会所讲而未讲者，我在讲座开始前的介绍时跟同学说，郭老师演讲结束后同学可提问题，尽量提高明的问题，别尽提太幼稚的问题，郭老师紧接着说："别提高明的问题，高明的问题我回答不了。"引得哄堂大笑。郭师知识面广，学生问到后现代主义的问题也能轻松回答，不是局限在古典文学方面。演讲时提到的一些信息非常新鲜，如近代有人认为屈原是弄臣，《离骚》前半部分以男女关系喻君臣关系而自居女性，被一些人误读为屈原与楚怀王搞同性恋，以致部分同性恋者认屈原为老祖宗，要在当年端午节集中在香港游行。

晚上夜游珠江，上船之前，谈起溧阳果园南大分校事，我之所以问起该事，是想起读书时吴翠芬老师曾提到过，从南京出发向溧阳进军时认为一辈子都不会回来。郭师回忆，刚到溧阳时匡亚明曾考虑建窑洞，后来因不符合实际而放弃，改成建土坯房。关于在朝鲜的经历及感触，郭师说，时间在 1976—1977 年之间，前后约两年，是应朝鲜劳动党中央之邀请，作为专家组成员前往的。专家组共三人，除郭师外，另外二人均从上海高校选拔，其中胡裕树担任组长，专家组任务是润色金日成著作的汉文翻译，金本人懂汉语，故对译文要求高，译文要在中国出版，先请专家把关。当时朝鲜对金日成的个人崇拜气氛很浓，金日成有些著作的汉文译文，其中即使有明显的错误，朝鲜工作人员也不敢改动。朝鲜当时已显现出物质匮乏，但专门为外国人服务的商店则货源充足，很多商品来自中国，他们三人的专家组给配备两部轿车。朝鲜人在中苏之间搞平衡，国宴上往往中方和苏方分坐左右边。华国锋访问朝鲜期间，曾在大使馆接见当时在朝工作人员，专家组也参加接见，华主要通报抓捕"四人帮"情况，以郭师观感，华记忆力不够好，讲话时想不起上海"徐老三"徐景贤的名字。

夜游结束后，打的士回去，因当时手提东西较多，其中包括讲座结束后学生送的礼物，老师放在其中一个袋子中的相机在袋子歪倒时滑落，但当时没能注意，下车后，当老师意识到相机不见时，出租车早已跑远。我们立即打警方电话问如何能找到相机，警方说要到客管处报失，郭师在香港开会期间所拍照片无法弥补，我深深自责自己不够仔细，让他留下很大遗憾。后来我曾到客管处登记，但并无回音。

31号中午，送郭师赴机场，在候机大厅前为老师拍了一张照片作为留念。回南京后，郭老师寄来《学苑奇峰——胡小石》和《陶渊明集全译》。

三

再见到郭师，是在2003年，卞孝萱先生八十寿辰时我回南京。当时我正做博士论文，专门到郭师家中请教论文的结构安排。论文完成后，曾寄给郭师一本，电话中郭师谈过他对论文的修改建议。平时读书有些想法或是工作中有什么问题，我也会通过电话向老师汇报，若一段时间没打电话，郭老师也会先打过来。

听说南大中文系曾有过规定，为年过八十的老教师开祝寿会。

2010 年上半年,我曾打电话问郭老师八十生日是过周岁还是虚岁,我表示到时要前往祝寿。郭老师觉得我离得远,不赞同我前往,告诉我说过周岁。这年 9 月教师节前,管仁福师兄打电话来,说南大中文系古代文学学科要为郭师祝八十大寿,我知道这一消息时已经来不及订票,只能打个电话祝寿。从网络上搜索到一段视频,是祝寿的场面,看到郭师精神还不错,当时想,郭师八十周岁时我一定回南京一趟,没想到暑假开始不久,传来的竟是不幸的消息。

回南京送别郭师时我与管仁福师兄住在一起,我们议论:郭老师对楚辞研究所做出的贡献,可说是系统性的,但他一直低调、谦虚,从不认为自己是名人。这种治学和为人的态度,在十分看重名声的学界,即使不是绝无仅有,也是极少见的。郭老师、管师兄和我三人都属羊,这虽然是一种偶然,但也是一种缘分。

学术评论

郭维森和中国当代楚辞学研究

周建忠(南通大学)

在胡小石先生的数位弟子中,郭维森是用力勤、致力专、成绩大的一位,他的著作《屈原》1960年由中华书局出版,1962年由中华书局上海编辑所再版。“文化大革命”后,此书又修订再版。①郭在贻《近六十年来的楚辞研究》一文,曾将郭维森《屈原》作为“解放后有关楚辞研究方面的比较重要的论著”向读者介绍,与游国恩《屈原》、詹安泰《屈原》、林庚《诗人屈原及其作品研究》、马茂元《楚辞选》、郭沫若《屈原赋今译》等名家之作相并列。② 郭维森《屈原》不仅在国内多次印刷和再版,而且初版即已传至国外,在海外也有较大的影响。80年代日本进修生又给他带来了日译本(安藤信広译)。1986年台北市新文丰出版公司出版《楚辞汇编》十卷,收入明代以来各种著作23种,其中当代学者著作收录的有沈祖绵《屈原赋证辨》、聂石樵《楚辞新注》、朱季海《楚辞解故》、郑振铎《屈原》、郭维森《屈原》③等,可见郭著流传之广。

1985年,“中国屈原学会”成立,郭维森教授当选为理事;1990

---

① 上海古籍出版社,1979年2月修订再版本。

② 载《古典文学论丛》第3辑,陕西人民出版社,1982年12月版。

③ 该书改题为《楚辞研究》,署为“本社篇”,实是采用郭维森《屈原》的最早版本《屈原和楚辞》(署名郭嘉林著),中华书局上海编辑所1959年12月版。

年“中国屈原学会”换届选举，郭维森当选为学会副会长。[①]

纵观郭维森在新时期的楚辞研究，可从如下三个方面予以描述、总结。

立体：多维观照

由于郭维森对屈原与楚辞作过比较全面的研究，所以在1984年前后批驳“屈原否定论”的过程之中，能够高屋建瓴，又从容自如地参加论争。1984年5月，他向成都“屈原问题学术讨论会”提交了论文《从屈原创作的个性化论屈原之不容否定》[②]，既抓住论争的关键——个性特征、个性化的甄别、比较、鉴定，又在相当广泛的范围内予以论证。从个人抒情诗的渊源到《诗经》个性化作品的分类、比较，从屈原作品的来源、背景到作品本身思想艺术的独创性分析，从屈原的生卒、思想、个性到《离骚》、《天问》、《招魂》、《九章》、《九歌》等主要作品的评析，几乎涉及到了楚辞研究的各主要方面。没有写作《屈原》的基础，没有全面、实在、具体的理解、把握，是不会有此力作的。如文章总结《诗经》中个性较鲜明的诗篇具有四个特点：多数为贵族作品；内容多为揭露性、控诉性的，属于政治抒情诗；有较强的叙事性，篇幅较长；诗篇与作者个人的经历有较密切的联系，所表现的思想感情也较为曲折。进而论定“屈原的作品具有上述的所有特点”。

他论证屈原对神话传说主要有三种处理方式。第一，较多地保留了神话传说的原型，如《天问》、《招魂》；第二，借用、改造神话传说中的形象为表达其主题服务，如《离骚》、《九章》；第三，以神话传说为背景，经过诗人艺术加工，成为祭歌形式的抒情诗，如《九歌》。并由此概括出：这三种处理方式都是文学的而非宗教的。

---

① 蔡靖泉《中国屈原学会第四届年会学术观点综述》，《江汉论坛》，1990年第8期。

② 刊《南京大学学报》，1985年第2期。

批驳“屈原否定论”，从正面论证“屈原创作的个性化”。论据有：屈原作品继承了《诗经》个性化作品的特点；《离骚》具有一定的自传性质；《离骚》融汇了南北方思想，具有鲜明的个性；屈原作品中确有不少超现实的内容，这是巫风的影响与作家的艺术创造；屈原作品是屈原的生活、性格的忠实记录。

在论证“屈原创作的个性化”的过程中，又充分驳斥了“以屈原为巫，以屈原作品为巫术歌谣”的偏执，有破有立，破立结合，形成严密细致的内在结构与论辩层次。

正因为这篇论文从内容、范围到方法、结论等方面的特殊价值，因而取得较大的社会反响，吴明贤、常思春《成都屈原问题学术讨论会评议“屈原否定论”》①，李军《近年来〈楚辞〉研究情况综述》②，金菊、余火、松啸《中日学者屈原问题论争综述》③，均予以摘录、介绍、肯定。中国人民大学《中国古代近代文学研究》全文复印④，收入《中日学者屈原问题论争集》⑤。《中国文学研究年鉴》（1986 年）载曲德来《先秦两汉文学研究述评》一文，介绍批驳“屈原否定论”的论文提要仅两篇，而第一篇就是郭维森的《从屈原创作的个性化论屈原之不容否定》。⑥ 黄中模著《现代楚辞批评史》将此文作为“中国学者与日本学者讨论屈原问题的代表作”予以介绍，认为此文“论证翔实，说理透彻，逻辑性强，具有一定说服力”。⑦

关于屈原是否具有爱国思想，也是近六年来的一大“热点”，郭维森从时代性与个性化的角度作了探讨，他认为，在屈原生活的时

---

① 刊《文学研究动态》，1984 年第 12 期。

② 刊《语文导报》，1986 年第 7 期。

③ 刊《文史知识》，1988 年第 9 期。

④ 见 1985 年第 11 期。

⑤ 黄中模编，山东教育出版社，1990 年 7 月版。

⑥ 中国文联出版公司，1988 年 2 月版。

⑦ 湖北教育出版社，1990 年 7 月版。

代，他的爱国主义有着时代规定的内容。结合诗人的经历、素养、个性，其爱国主义又有着独特的表现。主要有三：对故国、故乡的热爱；对人民的关切、同情；热爱祖国文化传统并推进其发展。因此他认为，秦始皇用武力在政治上统一了中国，而屈原则以其诗篇从思想上统一了中国。① 蔡靖泉《中国屈原学会第四届年会学术观点综述》、②周建忠《中国屈原学会第四届年会暨贵州古典文学学会首届学术讨论会论文述评》，③均对郭文作了介绍。

纵向：由表及里

当代楚辞学的重要成就之一，就是对楚辞学史的回顾与总结。笔者认为，在三至五年之内，要完成一部《楚辞学史》，似乎还为时过早，因为二千多年的漫长过程中，有许多具体、复杂的问题有待我们逐步解决。为楚辞学史的诞生打好基础、扫除障碍，是许多严谨、负责的学者的共识，他们都在这方面作了艰苦的探索。郭维森的楚辞研究，也自然扩展到这一领域，他的工作仍然是在楚辞学史研究的两个“热点”之上，一是汉代楚辞学研究，二是鲁迅楚辞学研究。

关于汉代楚辞学，在当代又分为汉代楚辞学说研究、汉代拟骚诗研究、汉代楚辞学者研究、汉代楚辞著作研究、汉代围绕楚辞引起的文化论争研究等具体内容，学者们在每一个方面都取得了可喜的成绩，仅总体断代研究论文就有 20 多篇，郭维森的《论汉人对屈原的评价》一文④，有着特殊地位和意义，这是作者 1983 年 8 月

① 郭维森《屈原爱国主义的时代特征》，中国屈原学会第四届年会论文，1990 年 5 月于贵州贵阳。

② 刊《江汉论坛》，1990 年第 8 期。

③ 刊《贵州教育学院学报》，1991 年第 1 期。

④ 刊《求索》，1984 年第 4 期。

提交辽宁大连“屈原学术讨论会”的论文[①]，那时关于“楚辞学史”的概念，还在酝酿、思考之中，只有极少数学者捷足先登，首先闯进这个领域，开风气之先。尽管汉代楚辞学研究近年来形成“热点”，且有令人惊异的参与率。但新时期以来，最先予以全面研究的，还是郭维森的这篇文章。

郭文涉及面广，不仅对人们比较注意的贾谊、刘安、司马迁、扬雄、班固诸家，而且对桓宽《盐铁论》、王充《论衡》也有所论列。

郭文力排众议，对人们批评、否定较多的扬雄、班固，作了比较实事求是的评价。尤其是郭文对班固的评判。作者认为，历代学者于班固《离骚叙》对屈原的评价持反对意见，甚或予以激烈指斥，但班固对于屈原的评价却是自相矛盾的。从《汉书》之《艺文志》、《地理志》、《贾谊传》、《古今人表》及班固《奏记》（见《后汉书·班固传》）来看，在班固的心目中，屈原的位置是很高的。因而很难确定班固对屈原的批评就是他一贯的、居主导地位的看法，而应该全面介绍、分析他的互相矛盾的观点。郭维森的这一卓见，显然更接近于班固本身，比一般地泛泛而论，更加深入而有说服力。郭文的这一精到之见，长期以来人们往往重视不够，谈到汉代楚辞学，则简单化批评班固。直到 1990 年，李诚以《论班固评屈》这一力作提交中国屈原学会第四届年会，才使这一成果得以深化、扩充、光大，李诚在郭氏辨析的基础上，提出班固是从政治、文学两个不同的角度来评价屈原的，从而构成他的双重标准。这一发现，揭示了班固评屈矛盾的本质原因。

最后，郭氏对汉人评价屈原及其作品作了概括。认为“两汉人对屈原及其作品是肯定的，对于扩大楚辞的影响，起了很好的作用。而某些矛盾岐异的观点，也还不失为深入研究屈原思想和屈原作品艺术特点时的重要参考”。这样一种比较融通的观点，比过分强调矛盾斗争的持论要严肃、稳重、平实得多。相反郭文对人们

---

① 曾被收入会议论文集《楚辞研究》，辽宁省文学学会屈原研究会、辽宁师范大学科研处、中文系编印，1984 年。

一致推崇的王逸、洪兴祖，也给予了一定程度的批评。这也从方法论的意义上启示我们，只有跳出前人的既定框架，才能更好地继承、发展前人的成果。

关于鲁迅楚辞学说研究，也是“楚辞学史”上的重要课题，并且涉及到“楚辞传播学”的主要内容。鲁迅怎样评判屈原，属于“楚辞学史”范畴；鲁迅怎样继承屈原，在创作中运用、化用与再现，属于“楚辞再现学”范畴。这是划分的原则，在具体的研究、操作过程中，势必涉及到这两个方面。而且只有从这两个方面着手，才可能从总体上把握鲁迅楚辞学说。在当代楚辞学史上，以“鲁迅与屈原”为题材的论文已发表12篇之多。在这12篇论文中，郭维森的《鲁迅怎样评价屈原》[①]，是侧重于学术评判这方面的。

郭文首先提出鲁迅评价屈原的范围、类型与侧重：

> 鲁迅的著作中，牵涉到对屈原评价问题的有这样三部分：一、诗歌创作中的引用；二、学术性文章及文学史专著中的论述；三、讽利性杂文中的借喻。这三部分性质不同，不应等量齐观。探讨鲁迅对屈原的评价，当然以第二部分为主。

其次，郭文对鲁迅创作中的引用作了分析，因此认为：鲁迅十分喜爱屈原作品，对之体会极深；他对于屈原美好的品质、积极的思想也多有汲取。

再次，郭文对鲁迅的学术评价，从《摩罗诗力说》到《汉文学史纲要》，作了具体的分析、概括。

最后，郭文对鲁迅《言论自由的界限》、《从帮忙到扯淡》二文贬斥屈原的言辞也作了分析与解说。

从以上线索可见，郭维森对鲁迅楚辞学说的研究主要有以下四点成就：

其一，全面持论，不偏执一端。一般著作介绍这个问题的不足主要是大肆宣扬鲁迅诗歌中的楚辞因子，浮光掠影地介绍鲁迅的

---

① 刊《文学遗产》增刊，第15辑，1983年9月版。

学术评价，回避鲁迅对屈原的一些贬辞。这显然不是历史唯物主义的态度。

其二，郭文对鲁迅的楚辞学说作了全面梳理、发微、总结，认为《摩罗诗力说》的价值不仅仅在于对《天问》的推崇，且也在对刘勰"才高者菀其鸿裁，中巧者猎其艳辞，吟讽者衔其山川，童蒙者拾其香草"的揣摩、品味，"皆著意外形，不涉内质，孤伟自死，社会依然，四语之中，函深哀焉"。对《汉文学史纲要》，郭文认为鲁迅指出了楚辞对于《诗经》的继承关系，并比较了二者的异同，阐述了屈原的巨大影响。

其三，郭文强调，鲁迅认为风骚异同主要是：怨愤责数为同，形式藻采为异。而探讨屈原的影响，不应仅着眼于形式、局限于诗人，尤应发掘与众多历史人物的精神上的联系。这种精细具体的抽象，往往能发人所未发，言人所未言，对于大多数楚辞学者来说，还是一个比较新颖、有待进一步体会的精辟见解。

其四，由于一些贬斥屈原的民族文化虚无主义者，在嘲弄屈原时一再引用鲁迅杂文对屈原的贬辞，使得不少学者望而生畏、存而不论。即便不同意对屈原的嘲弄，也不愿意正面面对这个问题。毫无疑义，回避这一矛盾，既不利于对鲁迅楚辞学说的整体理解，也不利于对屈原本体丰富性、复杂性的体认。郭文虽也认为这类讽刺性杂文，对于古人往往只截取其某一段话或某一件事，借古喻今，并不是针对所提到的历史人物，所以谈不上是对历史人物的正式评价，但又强调，这其中毕竟也包含有作者对古人的某一方面的看法，因而鲁迅杂文对屈原所作的比附，正是屈原自身局限性所包含的内容。这比回避绕道走或曲为之说都显得严谨、认真。郭维森之所以能对鲁迅楚辞学说作出全面、精深、独特的阐述与评判，是郭氏本身对鲁迅及其作品全面深入研究的结果。

大部分"屈原与鲁迅"选题的作者，是对屈原有一定研究的楚辞学者，他们对鲁迅的理解是不够深入的，也有凭印象而误解的。郭维森攻占这个选题的优势与长处是，他对屈原与鲁迅各自本身都有比较深入的研究，如他的鲁迅研究，有《论鲁迅研究文学史的观点与方法》[①]，足以体现他的整体把握。

横向：渗透扩展

随着研究的深入，时代文化思潮的播迁，科学技术的飞速发展与分工细密化、学科综合化、研究观念、方法、手段的更新，楚辞研究领域同样也面临着学科分解和综合的挑战。于是或恪守原有藩篱，或趋赶时髦，似乎还形成过比较激烈的讨论与争鸣。而大部分严谨沉稳的学者，则避开这场无谓的争辩，使自己的科学研究在保持原有个性、特色的基础上显示出鲜明的时代性与探索性。郭维森就是这类学者的一个代表，他在拓展研究范围方面作过相当的努力，主要有：

民俗学研究。如关于《九歌·山鬼》的研究，他跟"望夫石"之类的传说联系起来考虑，这是一个人们意想不到的视角。他将古今望夫石传说作了梳理，从思想情调这一"桥梁"揭示二者相通的主题，尤其是《山鬼》的价值与意义。

由于郭氏变换了突破口，其结论也就比一般的鬼神与人间关系的论述，来得坚实有力，令人信服。这种大胆而谨慎、悬想而有据的探索，体现了跨学科研究的相互发明的优越性。

比较文学研究。如何认识屈原在世界文学史上的地位与价值，是当代楚辞学者极为重视的研究内容。不少学者感到，与其正面立论，倒不如通过比较来显示其理所当然的结论。因而，"屈原与但丁"就成了"热门课题"。新时期以来，共发表了十位学者的研究论点。1985 年郭维森向中国屈原学会成立大会提交的论文即是这个课题，他从作品的个性化、采用象征比喻手法、艺术构思、时代精神、诗歌形式等方面作了同异比较，认为可以说明人类思维的某些一致性和文学创作规律的某些共同性。

---

① 刊《文学遗产》，1980 年第 2 期。

文化学研究。郭维森撰有《屈原与庄周美学理想异同辩》一文[①]，这也是一个交叉学科的研究课题。庄屈比较，属于文化学范畴；庄屈美学比较，属于美学范畴。关于庄屈比较，新时期以来共发表论文20多篇，有侧重于神话比较的，如顾颉刚《〈庄子〉和〈楚辞〉中昆仑和蓬莱两个神话系统的融合》[②]、王景琳《庄、屈对神话传说运用之异同》[③]；有侧重于浪漫主义比较的，如张军《屈原、庄周浪漫主义比较论》[④]、张啸虎《屈原庄周浪漫主义比较观》[⑤]；有侧重于文化背景描述的，如宋群力《楚风·庄周·屈原》[⑥]、祝恩发《南中国文学的特质及庄周屈原对它的继承和发展》[⑦]，等等。总之，只有郭维森文从美学角度予以比较。尽管在这之前，关于屈骚美学、道学美学各有比较深入的发掘、论述，但将二者联系起来综合考虑，又是以"美学理想"为切入口，则颇少见。郭文从纯粹美、崇高美、和谐美三个角度作了比较，认为庄、屈都肯定纯粹美，屈原追求内美与外美的统一，以纯粹为理想，他所要求的纯粹具有实际内容，而庄周所谓的纯粹则是一种不受任何约束的主观幻想，具有很大的消极作用；庄屈都歌颂崇高，屈原诗篇表现了对崇高的不倦追求，在腐朽势力的重压下，这种追求充满悲剧精神，而庄周虽也塑造了十分崇高的形象，但他却以相对主义抹煞了崇高与渺小、善与恶的区别，而他的怀疑一切的思想不可能产生悲剧精神；庄屈都具有和谐美的理想，在现实斗争中，屈原对这一理想有所突破，而庄周则采取了虚无主义的态度，实质上放弃了这一理想。因而作者指出，在赞扬庄子文章的同时，不应低估其思想的消极影响。

这篇文章还采用了一些形象性的对比，使人读后印象极深，如

---

① 刊《南京大学学报》，1988年第1期。

② 刊《中华文史论丛》，1979年第2辑。

③ 刊《求索》，1984年第6期。

④ 刊《江汉论坛》，1983年第6期。

⑤ 刊《江汉大学学报》，1984年第4期。

⑥ 刊《丽水师专学报》，1986年第4期。

⑦ 刊《抚顺师专学报》，1990年第1期。

描述庄屈二人的思想轨迹，屈原为“斗争—失败—再斗争—再失败—精神的升华”；庄周为“不平—失望—更不平—更失望—逃避虚无”。谈人生结局抉择时又引用刘熙载之言，“屈原是有路可走，卒归于无路可走”；“庄子则是无路可走，卒归于有路可走”。

此文发表后，曾产生过较大的社会反响，中国人民大学《中国古代近代文学研究》全文复印①，《人民日报》与《人民日报》海外版亦分别予以摘录介绍。这里要特别说明的是，贵州学者曹文星还发表了《也谈屈原与庄周的美学理想——兼与郭维森教授商榷》一文。② 曹氏认为，从美学的角度研究屈、庄，应抓最本质的共同点，即对现实的深刻批判，对人格尊严、美好理想的执着追求。其差异是屈原之重功利，强调美的社会性，属儒家美学范畴；庄子之超功利，强调美的自然性，属道家美学观。而客观地、历史地看，两者各有千秋，难分伯仲。

二文对屈原都是肯定的，只是郭文在肯定庄子某些表层的思想之后，着重指出其虚无主义思想及其消极影响；而曹文则认为不应用屈原的模式去要求庄子，庄子的思想轨迹应该是“不平—批判—更不平—再批判—彻底看透现实”，从而走上自然无为的美学理想，则对庄子是完全肯定的。的确，从不同的角度去发掘丰富复杂、思想深邃的庄子，完全可能得出正好相反的结论，而这种相反的结论也许有助于读者对于论争本体的整体把握。值得注意的是，郭文强调“异”，则否认屈原有道家思想，以为“屈原似乎不大可能接受道家的学说”，所以也倾向于不把《远游》看作是屈原的作品。③ 而关于这一点，即屈原具有一定程度的道家思想，却是游国恩、姜亮夫、汤炳正、陈子展诸名家充分论证且为学界基本接受的，因而对此不能不慎；而曹文强调同样价值的“同”，则将屈原归于儒

① 刊1988年第3期。

② 刊《贵州教育学院学报》，1990年第3期。

③ 见郭维森《〈远游〉读赏》，《楚辞鉴赏集》，人民文学出版社，1988年1月版。

家,庄周归于道家。将庄周归于道家,似乎古今无异辞,而将屈原归于儒家,自 40 年代以来曾几度引起旷日持久的讨论,大多数学者认为屈原非儒非法、非名非道,亦有儒有法、有名有道,故兼容百家而自成体系。

通过以上“多维观照”、“由表及里”、“渗透扩展”三方面的介绍、评析,可以抽绎出郭维森新时期以来楚辞研究的基本特征:新、热、广。所谓“新”,包括选题、论证方法与研究角度。“热”则表现出鲜明的时代性,他总是选择一些“热点”来作研究,参与争鸣,对一些争议较大的问题发表意见。“广”指研究范围广,涉及领域广,研究视野广,往往通过许多学科的交叉研究,突破原有视野不能解决的疑难。

心潜旧章　志发新意

——郭维森教授古代文学研究述略

管仁福(中国矿业大学)

郭维森先生,1931年生于江苏省镇江市。1953年于南京大学中文系毕业后留校任教,担任著名学者、一级教授胡小石先生的助教。其间多得益于胡先生的教诲与栽培。先生长期担任中国文学史、楚辞研究等课程的教学工作,并曾担任南京大学中文系系主任、古代文学教研室主任等职。郭先生潜心古典文学的教学、研究,现为南京大学中文系教授,古代文学博士点副导师,硕士研究生导师,并担任"中国屈原学会"副会长。

受胡小石先生的师传与影响,郭先生对屈原有较深入的研究,成就斐然,早在1960年,他的著作《屈原》由中华书局出版,1962

与学友管仁福合影(90年代后期在南大)

年由中华书局上海编辑所再版,"文化大革命"后,此书由上海古籍出版社又修订再版。郭在贻在《近六十年来的楚辞研究》(见1982年12月出版的《古典文学论丛》第3辑)一文中,曾将郭先生的《屈原》与游国恩的《屈原》、詹安泰的《屈原》、林庚的《诗人屈原及其作品研究》、马茂元的《楚辞选》、郭沫若的《屈原赋今译》等名家之作相并列,而且将此书作为"解放后有关楚辞研究方面的比较重要的论著"向读者介绍。1986年台北市新文丰出版公司出版《楚辞汇编》十卷,其中以"楚辞研究"为题,收入明代以来各种著作23种,郭先生的《屈原》就是其中的一种。不仅如此,郭先生的《屈原》在海外也产生较大影响,初版即已传至国外,近年又有日文译本问世。由此可见郭先生这部著作的影响所及,刊布之广。

郭先生的《屈原》一书问世后,又发表了一系列有影响的有关研究屈原及其作品的学术文章。其中重要的有:《〈九歌・山鬼〉与望夫石的传说》、《鲁迅怎样评价屈原》、《论汉人对屈原的评价》、《从屈原创作的个性化论屈原之不容否定》、《屈原与庄周美学理想异同辨》、《屈原与但丁》。郭先生的这些重要文章,角度新、视野广、开掘深、影响大,从一个侧面反映了我国楚辞研究的发展脉络和学术水平。

郭先生的古代文学研究范围是宽广的,他除了在楚辞研究方面倾注心血之外,还曾深入研究《周易》,尤其注重发微《周易》中的文学因子,其论文《〈易传〉的文学思想及影响》(《南京大学学报》1982年2期)就是先生含英咀华的结果,文章紧承前辈学者的研究余绪,吸纳当代学者研究之精华,以其立论新颖坚实获得学术界的赞同。1982年,江苏人民出版社出版了郭先生的《司马迁》一书,此书的卓越之处在于侧重阐发《史记》的文学成就,探讨《史记》的写作方法对后世作品的影响。这和其他写司马迁的同类著作相比,独到之处是显而易见的。郭先生自少年时起就喜欢读鲁迅的作品,他曾通读过《鲁迅全集》。如今,先生常讲:他喜欢鲁迅的作品,因为鲁迅的思想极为深刻,眼光非常敏锐,尤其是鲁迅对研究中国古代文化所表现出的深邃的洞察力和清醒的理性思考,以及锐利的批判精神和严谨的科学态度，仍是我们今天进行古代文学研究所必需的。从先生所走过的古代文学研究的历程来看，鲁迅的思想确实对先生的古代文学研究有着深层的影响。1980 年，郭先生在《文学遗产》上发表了题为《论鲁迅研究文学史的观点和方法》的文章，这是先生研究鲁迅作品并自觉地将鲁迅思想运用到古代文学研究的一次系统的表述。

郭先生还主编了《古代文化知识要览》(湖南人民出版社，1986 年版)，《中国文学史话》(南京大学出版社，1990 年版)，这两部书得到同行及读者好评。

郭先生的学术研究，受到了国际同行的重视，他的传记被“国际传记中心”载入《国际名人录》(澳洲及远东)第一版(英国剑桥 1988 年版)。

纵观郭先生所走过的古代文学研究历程，其前后一贯的治学精神及在研究中所表现出来的个性特征是鲜明可见的。

首先，郭先生的古代文学研究目的是明确的。他认为，古代文学研究的工作者的任务、目的就是要弘扬民族文化，为建设发展民族新文化服务，用现代意识对古代文化进行挖掘、清理，就是要给现代人以有益的启示。时代在发展，古代文学研究也要随着时代的发展而发展，不然，古代文学研究是没有出路的。

在建国初期，古代文学研究作为国学确实红火了一阵子，但也出现了唯古是好、唯古是尊的倾向。郭先生针对这种倾向，撰文予以反对，他指出：“我们和过去的文人学士们的立场观点是不同的，因此在我们看来，为他们一致赞颂着的，未必一定就好，他们不屑一顾的也未必见得就坏，要‘敢于在新的历史条件下，提出问题，解决问题’，就必须跳出旧圈子，大破大立，用马列主义真理，重新估价古代作家和作品。”(《跳出旧圈子》，见《光明日报》，1958 年 10 月 19 日版)，这在当时尊古之风盛行的情况下，先生作为一个 20 多岁的古代文学研究的新兵，确实是需要一定的勇气和胆识的。60 年代初，学术界又出现了一种与尊古之风相反的倾向，即对待文化遗产的“虚无主义”倾向。对此先生也发表文章予以坚决反对。他在文章中写到:“我们要发扬优秀的文化传统,要使古为今用。随着社会主义文化建设的开展,优秀的文学遗产必将发挥更大的作用,必将获得更大的社会意义。”(《古代作品的社会意义缩小了吗?》见《光明日报》1960 年 4 月 10 日版)这篇文章在当时学术界引起较大反响,由于当时“左”的思想作怪,郭先生提出的上述观点,遭到了一些人的批判。先生并没有因遭批判改变初衷,而是坚定地认为自己的观点没有错。时至今日,先生还讲:“古代文学研究不仅要明确弘扬民族文化、为建设民族新文化服务的目的,而且还有一个如何弘扬的问题。尊之金科玉律不可。弃之如敝履亦不可。我赞同鲁迅对待古代文化的态度,一要‘挖祖坟’,二要提倡‘拿来主义’。对古代文化的糟粕既要敢于揭,敢于批,同时对其中的精华要大胆地‘拿来’。”正是由于对古代文学研究目的明确,所以先生的目光始终关注着古代文学研究与现实的联系,以一种特有的历史责任感,和着时代的脉搏律动。

在一个时期内,国内外出现了一种“以屈原为巫,以屈原作品为巫术歌谣”的论调,认为屈原其人并不存在,《离骚》亦是集体之作。对此,先生即写了题为《从屈原创作的个性化论屈原之不容否定》的文章予以反驳。此文发表后,反响很大,中国人民大学《中国古代近代文学研究》复印资料全文予以复印,并收入《中日学者屈原问题论争集》(黄中模编,山东教育出版社,1990 年 7 月版)。黄中模著《现代楚辞批评史》亦将此文作为“中国学者与日本学者讨论屈原问题的代表作”予以介绍、嘉许。

有关屈原是否具有爱国主义思想,也曾在楚辞研究界进行了热烈的论争。先生为此写了题为《屈原爱国主义的时代特征》的文章参与论争,郭先生在著文参加讨论之后,颇有感慨地说:“我现在谈屈原的爱国主义,可能有点不识时务。时下有的研究者多侧重对古代作家、作品的艺术性阐发,认为对古代作家、作品的思想性论述意义不大。其实,这是一种误解。古代作家作品的思想性和艺术性是不可分离的。尤其是古代作家作品中所包含的思想精华,仍是我们今天建设新文化的宝贵精神财富。”对于这一点,我们应有清醒的坚定的认识。

视野宽广，是郭先生在古代文学研究中所显示出的第二个显著特点。郭先生在古代文学研究中视野宽广，这使他的研究范围、涉及的领域都异常广泛。就研究范围而言，郭先生虽侧重楚辞研究，但他还把研究视野拓展到《周易》、司马迁、鲁迅等作品、作家，而且视野所及都有重要的学术文章发表。至于先生在研究中所涉及的领域更是古今中外无所不达，文史哲等多学科交叉勾连。这样使得他的研究呈现出多维观照、立体透视的优势。1984 年先生发表一篇题为《论汉人对屈原的评价》的文章，这篇文章对当时我国的楚辞研究具有开创意义。它把对屈原及作品的主体研究引向更为宽广的"楚辞学史"的领域。文章纵横捭阖，经析纬论，不仅对汉代重要的贾谊、刘安、司马迁、扬雄、班固等诸家进行评述，而且对桓宽的《盐铁论》、王充的《论衡》也进行了勾玄。论述所及，几乎包涵了整个汉代对楚辞研究的成果。此外，先生还发表了《鲁迅怎样评价屈原》，《屈原与但丁》，其视野之宽广，由此可见一斑。

郭先生进行古代文学研究所显示出的第三个特点是角度求新。只有具有宽广的视野，才能在研究中灵活地选择新的视角，于平凡中见到奇特，于旧说中阐发新意。1983 年郭先生发表了一篇题为《〈九歌·山鬼〉与望夫石的传说》的文章。此文通过对《山鬼》与望夫石横向对比考释，得出了既独到又使人信服的结论，给楚辞研究及整个古代文学研究提供了有益的启示。从研究视角而言，先生这篇文章主要是从民俗学的视角切入的。先生的《屈原与但丁》一文，则是从比较文学的视角进行透视的。文章从作品的个性化及修辞手法、艺术构思、时代精神等方面进行了全方位的比较观照，阐述了人类思维的某些一致性和文学创作规律的某些共同性。先生发表的另一篇力作《屈原与庄周美学理想异同辨》，则通过文化学、美学的交叉扫描，从纯粹美、崇高美、和谐美三个聚焦点进行比较，对屈、庄的美学理想进行了极为深入的价值论衡。此文发表后，引起了学术界的重视。郭先生在古代文学研究中所显示的角度求新的特点，反映了老一辈学者极为可贵的不懈追求、立志创新的探索精神。需要进一步指出的是，郭先生认为，研究角度求新，一定要和严谨的科学态度相结合。不能为了赶时髦，用些新名词作为点缀。应实事求是，有的放矢。这是一种严谨、求实的治学精神，唯其如此，才能从角度新达到见解新，立意新。

目前，郭先生除担任教学工作外，还负责主编《中国辞赋史》(国家教委“七五”计划项目之一)及《中国文学史大辞典》秦汉卷两部巨著。1991年正值郭先生“耳顺”之年，先生“老骥伏枥，志在千里”。衷心祝愿先生六十大寿“耳顺”、心顺、事业顺。

评郭维森新著《屈原评传》

周　明(江苏第二师范学院)

郭维森先生近30万字的新著《屈原评传》,于1998年12月由南京大学出版社出版。可以认为,这本书是他40年楚辞研究的总结。

《屈原评传》在屈原研究的一系列重要问题上,都精心地选择了从古到今有代表性的说法加以评述。如关于《离骚》的作年,他介绍了王逸、朱熹、王茂元、王夫之、龚景瀚、王闿运、游国恩、孙作云、刘永济、马茂元、郭沫若、姜亮夫、林庚诸家各自不同的说法和根据。又如关于《离骚》中的"求女",作者介绍了古代人的七种说法和现代人的三种说法。对于某一问题古今学者中有相反意见的,则介绍双方各自的理由,如讨论《远游》的作者,作者列举了怀疑屈作的三点理由,又列举了肯定为屈作的四点理由。但郭著并非纯客观地罗列众说,而是一一出以己意,表明自己的观点。他在该书《内容简介》中说:"本书对于屈原的生平事迹、作品真伪等问题,多用介绍众说并加分析的方法,避免勉强作出结论,目的是为读者提供较丰富的参考资料,以便进一步开展研究。"这是一种民主的学风,有助于读者较深入地了解楚辞学这门学问。郭著介绍了古今研究的大量信息,使读者能迅速了解某一问题从古至今聚讼纷纭的状况及争论产生、发展的来龙去脉,实际上是将楚辞学史的内容分散到各个专题之中,大开了读者的眼界。而在此基础上提出自己的见解,则尤有稳妥可信之感。尽管屈原及楚辞研究有许多历史难题难以定论,作者仍采取各种方式尽量表明自己的见解。在资料缺乏,实在找不出新材料作为资证的情况下,作者往往从情理上作出决断。其次,郭著很注意吸收学术界研究的新成果,以之匡正前人之误,并勇于澄清自己以往的模糊认识。复次,郭著十分注意利用考古的新收获解决楚辞研究中的问题,以证实自己的观点。再者,郭著中利用文字训诂之学研究楚辞也取得了成绩。作者一方面不赞成仅仅“从声韵通假或声音相近着眼”随意提出新说,另一方面本人却以坚实的文字训诂功力结合作品内容求得词语的确解。

作为思想家评传丛书之一,《屈原评传》的显著特点就是把屈原的思想作为研究的重点。郭著的屈原思想研究有以下几个特点:

1. 不是简单化地判定屈原思想属于哪一学派,而是具体剖析屈原思想的有机构成,确定其历史意义。作者认为以某家某派来范围屈原是不合适的:一是所谓“九流十家”是汉代人归纳出来的,虽大体上可以成立,但先秦时期百家争鸣的实际情况要比它复杂得多。《庄子》、《荀子》、《吕氏春秋》对当时的流派有不同的划分,某一学派内部也有区别。二是先秦各学派间既互相攻击、辩难,也互相借鉴、吸收,发生转化,学说之间有同有异,并非壁垒分明、水火不容,而战国后期学术已出现了打破门户界限的趋向。三是屈原并非学术之士,而是一个政治家、思想家,对许多学派的思想都有所吸收,也有所摒弃;屈原的思想又异常丰富,包括政治观、天道观、人生观、审美观、爱国思想等方面,超出一家一派的范围。作者据此认为:“与其勉强地将屈原归属某一学派,还不如检查屈原在他的诗中,究竟表达了什么样的观点。”笔者认为这一指导思想是完全正确的。

2. 多方比较,确定屈原思想的构成及其意义。不仅有横向的比较,而且有纵向的比较。

对屈原政治观的研究是横向比较的适例。作者分析屈原的“美政”理想,指出其称道尧舜的含义是主张以德治统一中国,这一思想与《孟子》一致,作为“德”的注脚,其称“美”,“善”与“义”的原则,则得之于《墨子》与《荀子》。在分析屈原主张以法治限制楚国贵族集团时,指出屈原好用“绳墨”、“规矩”等词语作比喻,与《荀子》、《韩非子》有共同点,但屈原的法治主张与法家不同,他不赞成极端的功利主义,而是主张以德治民,不以严刑峻法来规范人们的行动。作者由此得出结论:“这使他与后期的法家保持了相当的距离,而与儒经的集大成者、后期法家的启迪者荀卿有较多的相似。”在分析屈原的重民思想与举贤授能的主张时,也与诸子学说反复比较。这种研究方法显得十分深入、细致。

对屈原天道观的研究是纵向比较的适例。为了分析屈原的“彻底怀疑的天道观”,作者从上古谈起,追溯从原始社会以来一直到春秋时期天道观的发展轨迹,然后指出春秋以来重人事、轻天命的思想始终是作为相信天命、依赖鬼神的保守思想的对立面存在的。经过这一番梳理,说明屈原的彻底怀疑的天道观是在这样的思想土壤上产生的,就十分可信。接着,作者详尽地分析了先秦诸子的天道观,从比较中进一步阐明屈原天道观的特点。继而从他的《天问》中提出宇宙起源、天命论、时间观念、天人关系等问题,一一加以剖析。这样,通过多方面的纵横比较,得出了相当准确的结论。

3. 锲而不舍,不断深化自己的认识。屈原是否有爱国主义精神,是当代楚辞研究的热点问题。古代的研究者如司马迁、班固、王逸等多半认为屈原有忠君爱国的思想。郭氏早先写的《屈原》中也肯定屈原是爱国诗人,屈原有爱国思想。但这一认识并非人人都已接受,前些年学术界曾出现了屈原爱国主义否定论。对于这个重大的学术问题,作者坚持了自己原来的认识,认为:“这个问题关系到对屈原的基本评价以及对他给予后世的积极影响的确认,是不容回避的。”为此,他在《屈原评传》中以更大的耐心,用更多的篇幅捍卫了自己的观点,深化了自己的认识。

作者首先分析了春秋战国时期“国”的实际情况,指出春秋时期周王朝的共主地位虽然还能维持,“但这却并不妨碍各诸侯国作为相对独立的国家存在。这些国家也都具有保卫土地和人民的职能”。到了战国时期,周天子连共主的名分也已失去,各诸侯国的独立性质更强。当时的兼并战争异常残酷,特别是秦国对其他国家的侵略、杀戮更具野蛮性。国家的存亡与人民的安危密切相关,人民关心国家的存亡。作者风趣地说:“我们不能设想封建诸侯的军队是别国老百姓的解放者,老百姓会箪食壶浆以迎王师。”恰恰相反,对于敌国的入侵,人民往往“涕泣相哀,戮力同忧”,“男子战斗,妇人转输”。士大夫和民众爱他们的国家就是理所当然的事。这样,作者就从人心的向背上讲清了爱国思想存在的必然性。其次,作者列举了春秋战国时期大量忠于本国、保卫国家的志士仁人的爱国事迹,指出在春秋时期“体现在平民身上的卫国意识和爱国观念也是相当强烈的”;而在战国时期,“虽然总的目标趋向是统一,但在发展过程中,爱其本国还是一些志士仁人的行为准则”。这就从历史事实上讲清了爱国思想存在的客观性。再次,作者指出,我们不应“根据历史的结局去曲解历史的进程”,“只因为最终由秦国完成了统一,便认为各种的抵抗都属徒劳,都是阻碍统一、违背历史潮流的,那将十分错误。持这种观点,势必将那些主张投降的人、谋一己私利削弱本国力量的人说成是得风气之先,是顺应历史潮流的人,这岂不荒唐?”最后,作者对“楚材晋用”的问题进行了分析,认为这只是当时种种社会现象之一,而不是全部;过分强调“楚材晋用”,就会造成以偏概全、似乎爱国主义已不存在的假象。以上这些论述表明郭维森先生关于屈原爱国思想的认识比旧著《屈原》的认识又深化了一步。

在《屈原评传》中,作者除了继续深化其楚辞学史的研究外,又开辟了几个新课题:风骚传统的巨大影响、楚辞学的建立与发展、楚辞学对文学创作的影响、以屈原为题材的艺术作品研究、楚辞在国外的影响等。作者把这些新题都列入第六章,从而构成新的知识体系,进一步提高了本书的学术价值。

辞赋华章　典范永存

——郭维森先生与《中国辞赋发展史》

许　结（南京大学）

辛卯夏七月初八，郭维森先生悄然离我们而去，当晚，怀着无限的哀思，我写了首追念先生的诗："骑鹤下扬州，人生得至柔。诤言勤国是，厚德诵同俦。抛却声名累，闲观湖上鸥。中华辞赋史，尚忆几春秋。"情实难尽，又撰挽先生联两副，一则曰："大汉文章，笔底波澜常惠我；中华赋学，前贤典范永思公。"复忆一年前先生八十寿诞，时神采奕奕，谈笑风生，主持祝寿会的莫砺锋教授以"曾与郭先生合撰书稿"示我发言，我则以当时代专业所拟之寿联"乐只君子溥厚德，争光日月见精神"发端，说到我与先生的学缘、情缘多多，但为世人共知者，则是先生上世纪曾主持国家教育部"辞赋史"项目，邀我加盟辅佐而成近七十万言之《中国辞赋发展史》（江苏教育出版社 1996 年 8 月版）。我曾在一部旧著的重版后记中说："记忆的闸门是不能轻易打开的，因为那里有太多的感念与艰辛。"我忘不了十五年前（1996 年）赋史出版获赠样书时与先生相视一笑的情景，忘不了十八年前（1993 年）我们完成初稿时先生认真审读时的神情，忘不了二十年前（1991 年）我们完成资料整理后开笔撰写前的茶叙……是先生忠厚长者的风范、诗人性情的投契，成就了"一部书"学术接力的充实之美。抚今思昔，先生的治学影像每每浮现于他的众多著述中，而在这部精装旧著的字里行间所读到的辞赋研究成就与思想，则是我领略先生学术风采最真切的体会。

一　本源意识:诗赋传统之考察

郭先生为学是平实的,治赋亦然。这一点最突出地表现于他的历史观。当年获得"辞赋史"项目研究甚早,后因诸多原因延宕时日,以致这期间(1987)马积高先生的《赋史》出版了,于是经过一番踌躇,先生将治赋的眼光置放于"发展"二字,"中国辞赋史"项目的结项成果也就成为了《中国辞赋发展史》(以下简称《发展史》)。与马积高先生《赋史》主张"唐赋高峰论"不同,郭先生更注重的是辞赋传统的研究,追溯本源,就是诗赋传统的考察。朱熹《观书有感》论学术"问渠那得清如许? 为有源头活水来",而辞赋源头的"活水",就是刘勰所讲的"受命于诗人,而拓宇于楚辞"(《文心雕龙·诠赋》),究其根本,即先秦之"诗源"。于此,郭先生着力于两方面的分析。

一方面是历史的分析。这在他所撰写的《先秦至汉初辞赋》第一节《绪论》之第一段《诗的退潮与楚辞的兴起》有着清晰的昭示。郭先生从多视角看待由《诗》到《骚》的渊承与演变,例如《诗》之"讽谏"与屈骚创作"自怨生也"以及"冀幸君之一悟,俗之一改也,其存君兴国而欲反覆之,一篇之中,三致志焉"(《史记·屈原贾生列传》)的关系,彰显了诗、骚思想与感情的一致性。又如刘师培说"诗赋之学,亦出于行人之官"(《论文杂记》),郭先生则着重于屈原"娴于辞令"且作品中大量的尚"辞"表述,即屈骚中反复推陈的"跪敷衽以陈辞兮,耿吾既得此中正"、"历兹情以陈辞兮,荪详聋而不闻"、"结微情以陈辞兮,矫以遗夫美人"、"不毕辞而赴渊兮,恐壅君之不识"等等,从而论证屈赋"陈辞"与"赋诗言志"在"行人之官"意义上的关系,贯注了一种"史"的意识。再如屈辞用《诗》问题,郭先生指出:《离骚》之"忽奔走以先后兮",即取意于《诗经·绵》"予曰有先后,予曰有奔奏";《天问》之"禹降省土方",即取辞于《诗经·长发》"禹敷下土方";《九歌·东君》"援北斗兮酌桂浆",则取辞变义于《诗经·大东》"惟北有斗,不可以酌酒浆"等,将词汇的联结导向意义的传承。

这也形成另一方面，即创作的分析。例如郭先生举《诗经·月出》“月出皎兮，佼人僚兮”等为例，对应屈原《橘颂》、《天问》等作品，以为极其相似，并指出：“陈风也盛行巫风，春秋末年为楚所灭，其诗风本与楚相近。”又如举《诗经·汉广》首章“南有乔木，不可休思。汉有游女，不可求思。汉之广矣，不可泳思。江之永矣，不可方思”，郭先生认为其“多用叹词，一唱三叹，与楚辞声调十分相似”。同时，从创作的分析来看辞赋的发源，郭先生能超脱狭义之“诗”(《诗经》)而勘进于广义之“诗”，比如楚声歌谣。他不仅对楚歌中的《子文歌》、《优孟歌》、《楚人为诸御己歌》、《徐人歌》、《接舆歌》等与楚辞作品进行对读比较，而且对产生于楚地的《老子》书中如“众人熙熙，如享太牢”一段也纳入视野进行考量，从而通过作品的分析印证了早期辞赋创作的南方文学特征。

郭先生治赋的历史眼光既重视诗、骚、赋之“同”，亦强调其“异”，正在其异同之间，才最接近历史的真实。《发展史》的《总论》虽由我执笔，但郭先生的两点指示最为重要，一是从词语辨明“辞”、“赋”之源头，一是从创作考论“辞”、“赋”之异同。例如对辞赋异同的考论，我们从“直陈法”、“铺叙法”、“用韵法”、“构篇法”与“藻采法”五方面展示屈辞与汉赋的相同，又从历史的演变论述其异，这一点则更多地展示于由郭先生执笔所撰写的《辞赋的早期形态》、《汉初辞、赋的混同与区别》等章节中。出于历史的视野，重视文献与作品的考查与分析，郭先生对赋史的认识常常体现一些转折点，例如对汉初以《梁王菟园》为代表的藩国赋的历史定位，他用“战国纵横的残梦”为题，切实地攫住赋史渊承与转折的结穴，其论述堪称于平实中见精彩的典型。

二　祖骚宗汉：取则正宗之批评

郭先生为学是中正的，治赋亦然。在赋史的研究与撰写过程中，郭先生的“中正”态度既是持中守正，更是明“变”而守“正”。变在时代与作家情怀，正在赋作之范式。故而明变是其(赋)史识，守正乃其(赋)史心。

我们在《发展史》的《后记》中曾自评撰写思想的几大特点，其中包括“辨析辞与赋之分合变化”、“力破‘骚亡于魏’、‘赋亡于唐’之旧识，对唐以后辞赋创作之本事、艺术努力钩沉显微，以明其‘文变染乎世情’的时代特征”等，皆明变之思。因此，郭先生所主导的撰史思想之明变又体现在两方面：一是强化唐以后赋史的研究，这个任务由我承担，以致唐以后赋史的篇幅几乎占了全编的“半壁江山”；一是注重历史转变，特别是在赋体赋艺演变的关键处，加以发微。有关后者，在郭先生撰写的前四章(第二章至第五章)中充分体现了这种明变的史观。例如第二章中的《诗的退潮和楚辞的兴起》、《战国纵横的残梦——藩国赋》、第三章中的《汉大赋的裂变》、《赋的旁衍与文的变格》、《从游观赋中分立的音乐赋》、《汉末的悲唱与抗争》、第四章中的《汉赋的承袭与变奏》、《建安风力的变调——鲍照赋》、《诗与赋的合流》、第五章中的《形式的延续与内容的变化》、《李德裕的效古新篇》等节目及其内涵的书写，皆因赋史之变而表彰其赋家、赋作、赋体、赋风之变，以此构成郭先生主张的一源而多元、立体而交叉的赋史构建。

比较而言，如果说“明变”意味着郭先生在赋史撰写过程中还具有一定的“被动”性，即依据历史之迁移与赋体之变化而进行摹画与书写，那么其“守正”的赋史观念则具有更强的“主观”性，是在明变基础上对赋体与赋史的重新认知。这一史观，就是前贤所说的“祖骚宗汉”说。赋史“祖骚宗汉”说起于宋代，如宋祁说“《离骚》为辞赋祖”(祝尧《古赋辨体》卷一引)，林光朝说“司马相如赋之圣者”(王之绩《铁立文起前编》卷十引)，项安世说“自屈、宋以后为赋，而二汉盛，遂不可加”(《项氏家说》卷八)，至元人祝尧《古赋辨体》卷三《两汉体上》谓“古今言赋，自骚之外，咸以两汉为古，已非魏晋以还所及。心乎古赋者，诚当祖骚而宗汉，去其所以淫而取其所以则可也”，已然定型。这种赋史观推扩于文学史观，就是金元以后渐兴而盛行于近代的“一代有一代文学之胜”的理论。既然前贤已有定论,何以我说郭先生的“祖骚宗汉”观有其主观性色彩?因为其与古人所说一最大的不同点在于,前人是以“则”而排“淫”,是否定辞赋变迁及其价值的仿古论,而郭先生则从通史意识容受古人所谓“淫辞”丽篇,且在容变而明变的基础上坚持守正的。所以他一方面揭示赋史中大量的“变奏”,一方面赞美其具有一代之盛的“正音”。

在《发展史》中,郭先生是以赋史的描述来展示这一理念的。突出的表征是他所撰写的《屈原奠定的美学理想》与《义尚光大的汉大赋》(包括《司马相如与散体大赋》)的两段文字。在第一节文字中,郭先生不仅从赋史的意义与作品的分析展现屈原的辞赋价值,更重要的是以屈原为例树立了一种赋史的美学理想。由此审美实践立论,其“祖骚”之精神亦如祝尧所谓“重情”,“祖骚”之辞章则在华美,绾合二者,才是美学理想。所以郭先生说:“屈原以其精神和作品影响后世,主要的是其美学思想和悲剧精神。以芳洁自励者莫不以之为楷模,求真、求善、求美;遭遇破国亡家之痛,或蒙冤受屈遭遇不平者,也莫不以之为同调,抒其哀怨愤懑之情。作为‘诗骚传统’之一,所涉甚广,影响深远。至其……辞藻华美,无疑为汉赋创作奠定了基础。”同样,对汉代散体大赋正宗的形成,郭先生也不是简单地描述,而是全方位地展示,包括政治、经济、文化诸原因,赋家追求大美、积极进取、夸耀心理、补衮心态、神仙思想诸方面,并通过代表性作家如司马相如的创作实践,将汉赋的美学风范也典型地烘托出来,以之为后世赋家不断摹效的榜样。

三　文本精华:作品诗意之解读

郭先生为学是奇崛的,治赋亦然。郭先生是位诗人,他的创作包括古典与新体,他注重的不是诗的形式,而是精神,一种栖居于古今多少华章佳作中的诗意。也许正是这种诗人的气质与诗心的灵动,郭先生在赋史的书写中对大量辞赋作品之诗意进行了解读,给读者也提供了更多的精彩。

试举数例如次：

对宋玉赋的研究，郭先生在大量文献的钩稽与考辨的基础上，将其作品按真伪的可信度分为五等（五层次），分别是《九辩》（第一等）、《风赋》《高唐赋》《神女赋》（第二等）、《登徒子好色赋》《对楚王问》（第三等）、《招魂》（第四等）、《笛赋》《大言赋》《小言赋》《讽赋》《钓赋》《舞赋》（第五等），而其解读的功夫则主要放在前两等的作品。如对《九辩》创作艺术进行精彩分析，特别是对赋中第一段"悲秋"的解读，得出其"描写有很大的创造性，句式也灵活多变，是在《离骚》基础上的重要发展"的结论。同样，通过对《风赋》及《高唐》《神女》的思想、艺术及写作方法的分解，说明宋玉赋"开始走出屈原诗篇中的神话世界，而着眼于现实世界的描绘；在技巧上有许多成功的地方，推动了由楚辞向汉赋的发展"。这是由作品考辨到分析，由赋章解读到赋史考量的论述，结论虽或与他人相近，但其中的细致分析，信而可征且充满诗意。

对王延寿的《梦赋》，郭先生通过文本进行心理分析，尤其是对其中"其为梦也，悉睹鬼神之变怪……于是梦中惊怒……乃挥手振拳，雷发电舒"的一段描写，细绎出其内在精神，称之为中国文学史上"第一篇不怕鬼的故事"，特别是"这种积极精神，在我国古代文学中不可多得，尤其是东汉时期，谶纬迷信甚嚣尘上，王延寿能写出这样的赋更为可贵"。由于《发展史》于每一作品的分析字数有限，难以尽意，于是郭先生在此基础上又撰写《王延寿及其〈梦赋〉》一文，提交给 1998 年秋在南京举办的"第四届国际辞赋学学术研讨会"，评讲人美国汉学家、西雅图华盛顿大学的康达维教授给予极高评价。此文后刊登在《南京大学学报》2000 年第一期"辞赋研究"专栏。而在这篇文章中，郭先生对《梦赋》的虚构艺术及创作思想，作出更为详尽而精彩的分析，这是通过一篇赋章以彰显其赋史价值的范例。

对谢灵运山水赋作尤其是《山居赋》的分析，郭先生一则关注当时玄远之风的影响，其中包括对节候的敏感、对人生的叹逝，一则又着力于艺术分析，包括风格、章句、字法，特别是对赋中"警句"

的解析。如写山居景象，谢赋中有云："竹缘浦以被绿，石照涧而映红，月隐山而成阴，木鸣柯以起风。"郭先生评曰："四句可谓写景佳句，作者观察细致，抓住了景物的特征，有声有色，动静相形。"又如赋中描写游鱼数句云："辑采杂色，锦烂云鲜，唼藻戏浪，泛符流渊，或鼓鳃而湍跃，或掉尾而波旋。"郭先生评曰："写游鱼色彩鲜明，姿势多变，形态极为传神。"至于谢赋中所述"谷稼之事"的一段描绘，郭先生对其中有关田畴农产的词语大加称赏，以为"从文学史的角度看，能颇为生动地描写农田景色，在文学上却是别开生面"。谢诗警句多有精彩，而魏晋以后，作家写赋也重"置片言以居要，乃一篇之警策"(陆机《文赋》)，郭先生攫取警句而言《山居》(另见郭先生《山居赋及其他》一文，载《中国山水的艺术精神》学林出版社1994年版)，有他的诗意发挥，是他撰述赋史的生动之处。

对杜甫赋的探讨，郭先生在《发展史》中所用篇幅不多，但对一大诗人之赋的诗意解读，还是值得称述的。郭先生早年师承胡小石先生，胡先生曾论杜甫《北征》诗"结合时事，加入议论，撤去旧来藩篱，通诗与散文而一之，波澜壮阔，前所未有"(胡小石《文集·一》)，属于"化赋入诗"法。郭先生遵循其义，却从另一视角将杜甫"化赋为诗"与"诗名盖赋"及明人"唐无赋"说构成杜赋不受重视的三大要因，缘此驳正，方始进入对杜氏所献"三大礼赋"及其咏物赋之《雕》、《天狗》的解读。当然，相比之下，郭先生更加赞美杜甫咏物赋的特色：如对《雕赋》开端之奇兀，即"当九秋之凄清，见一鹗之直上"云云，郭先生以为"其迅猛雄俊的形象已跃然纸上"；对《天狗赋》描写天狗既突出其威猛、迅捷之形象，刚简、清劲之品性，又表现其虽受天子赏识却被弃置不用，且遭群兽疑猜的境遇，郭先生感叹道："一看便知，这是杜甫结合自身遭遇而发的感慨。"人称杜甫诗为"诗史"，郭先生以诗赋交融的视点印证杜赋亦具"诗史"的特征(另见郭先生《杜甫的赋》，载《杜甫研究学刊》1991年第一期)，给我们打开了赋史写作的另一扇窗口。

郭先生诗意地解读赋篇的例证甚多，比如对刘歆《遂初赋》开启"述行"主旨、傅毅《舞赋》动态之描写、"音乐赋"脱化于"游观赋"

的史迹、邺下文人集团赋中男女之情的描写、王绩诗与赋的交融、盛唐边塞赋、游艺赋意境与哲理的融织等等之分析，使他的赋史研究显出生气，绽放光彩。

四　一种信仰：赋学人格之彰显

郭先生为学是真诚的，治赋亦然。与郭先生相识之人皆知，他为人正直，对事鲠直，治学执著，而为学、待人、接物之情感，则是既激切，又淡远。这体现于他的赋学研究，往往不仅是为学而治学，而是于治学过程中体现出一种崇高的信仰，是人格的彰显。在庚寅岁初秋郭先生八十诞辰祝寿会上，我曾献诗一首，诗云："岁历行开九秩新，椿龄有庆正庚寅。离骚赋里三家志，松菊堂中五柳巾。德教频频援后学，师心奕奕见精神。欢欣共赏初秋月，执杖南山又一春。"诗的颔联前言屈原，后说陶潜，而郭先生治学之精髓，于屈、陶最多关怀；郭先生之人格品性，则类屈、陶而彰显。

让我们回到《发展史》，郭先生撰述屈原与陶潜的赋也只有两节，分别是《屈原奠定的美学理想》与《淡远、激情兼具的陶潜辞赋》，但其撰史心志所体示的赋学人格，则贯注于通篇的写作，乃至他的整个人生。

郭先生对屈原及其辞赋的钟爱贯穿了他一生的学术历程，其中最突出而为其自觉效法的，则又是屈原因明志而爱国，因中正而耿介。他自早岁撰写《屈原》到晚年再写《屈原评传》，其间又有大量的有关屈原的论文传世，如《屈原爱国主义思想的时代特征》(《楚辞研究》文津出版社 1992 年版)、《屈原的文化精神》(《中华文化与艺术》2003 年 1 卷 1 期)、《屈原对真、善、美统一境界的追求》(《光明日报》2002 年 5 月 14 日)、《屈原与庄周美学思想异同辨》(《南京大学学报》1988 年 1 期)、《从屈原创作的个性化论屈原之不容否定》(《南京大学学报》1985 年 2 期)、《屈原名字说》(《中国屈原学会第六届年会论文》)、《〈离骚〉之"骚"》(《荆州师专学报》1996 年 6 期)、《〈离骚〉求女情节的来龙去脉》(《屈原研究国际研讨会论文集》,香港)、《〈九歌·山鬼〉与望夫石的传说》(《南京大学学报》1983 年 3 期)、《论汉人对屈原的评价》(《求索》1984 年 4 期)、《鲁迅怎样评价屈原》(《文学遗产增刊》十五辑)等。这些论文以翔实的考证、精深的义理、清简的词章而立足学界,自成一家,而我认为郭先生最重的且寄志高远的,宜为他所推崇的屈子之精神,即《屈原与庄周美学思想异同辨》一文中所赞赏的“纯粹之美”、“崇高之美”与“和谐之美”,这也是他在赋史撰述中展现的“美学理想”。这一贯注赋史研究的美学理想,是不能轻忽而宜珍重的。

陶渊明的辞赋仅存三篇,分别是《闲情赋》、《感士不遇赋》与《归去来兮辞》,前两篇有所秉承,后一篇独辟创思,郭先生在《发展史》赞美其篇篇“精彩”,尤重后者的意蕴,而以“淡远、激情兼具”总括陶赋风格,可谓匠心独运。郭先生亦因秉性相承,由爱陶、好陶而研陶,曾与友人合成《陶渊明全集译注》,对陶诗、陶文、陶赋,已精熟于心,所以在《发展史》中论析陶赋,也是举重若轻,随手拈来,自成妙趣。在其论述中,我最欣赏的是对《归去来兮辞》的分析与评说,如评述赋中情境:“一切是那么美,那么自然。作者陶溶其中,不求富贵,不慕神仙,顺应自然,便能得到很大的安慰。”又评述赋所表现的思想情怀:“表现了作者对田园的热爱,除了因田园有优美的自然风景外,还因为‘园林无世情’,田园的淳朴宁静与市朝的污浊喧嚣正相对应。禀性淳朴、性情真率的陶渊明选择了前者。”这与其说是对陶赋的解析,毋宁讲是郭先生读陶赋时的一种心灵投契,其间的感慨与美好,隐显于楮墨间。

合观屈、陶,是郭先生研究赋史的一种精神,绾合屈、陶,又是郭先生人生与学术的实践,作为《发展史》的合作者,我与这份性情默契,更为这种真诚感动。

在郭先生的追思会上,读到先生夫人顾学梅老师的《代郭维森告别书》的人,莫不为之动容,书中写道:“他——一个勤奋、多思,正直、善良又有些倔犟的人,在这个世上轻轻地走过。”先生临终前一年自选了一本论文集,名曰《古代文学的现代意义》,我想,先生的古典文学研究,包括他的辞赋研究,也曾“轻轻地走过”那个曾被称之为“现代”的时代，但给读者与未来留下的，却是深刻、凝重和永远……

2011 年 12 月 14 日（农历辛卯十一月二十日）
于南京龙江公寓
（该文已刊《辞赋》2013 年第 1 期）

“我们有义务保护、发扬优秀的传统文化”

——拜读郭维森先生“古代文学的现代意义”一文有感

管仁福(中国矿业大学)

2010年9月10日,我作为郭先生的学生,有幸参加了南京大学文学院中国古代文学学科举行的郭维森先生八十华诞庆典暨郭维森先生学术思想讨论会。会上我作为学生代表发言,向郭先生八十大寿致以诚挚的祝贺,并就郭先生的学术思想谈了几点自己的认识。在开会的前一天晚上我到郭先生家拜访了郭先生,先生精神矍铄,言语蔼然,并惠赠给我三本书。一本是先生新出版的叙写自己从幼年到“文革”时期生活经历的书《逝水滔滔　心路遥遥》;一本是先生已发表过的论文自选集《古代文学的现代意义》;一本是多种文体形式的文章选集《零敲碎打集》,分为探讨篇、杂感篇、鉴赏篇和诗文篇四部分。后两本书还未正式出版。这三本书可以说是先生对自己的人生经历、学术研究的一个总结。拿到先生的著作后我就拜读了其基本内容,但由于平时工作较忙,所以拜读时还不够细致。天有不测风云,2011年8月7日先生因病在南京离世,闻此噩耗,学生不胜悲痛。2011年8月10日我从徐州赶到南京,参加了11日上午郭先生的遗体告别仪式,并代表学生致哀辞。时至今日,郭先生离世已七个多月了,但郭先生的音容笑貌时常映现在我的眼前。今年寒假期间,我怀着一种崇敬的心情,又认真拜读了先生在2010年惠赠的三本书,并写成这篇短文,以表达对恩师的缅怀之情。

1992年我在南京大学中文系读硕期间,曾写过一篇文章,从先生学术研究的渊源、目的、视野、视角等方面简要介绍了先生的古代文学研究成就，文章发表在《古典文学知识》1992 年第 2 期。读硕从师三年，多受教益，先生每有新作，都惠赠一本给我，如先生的《屈原评传》、《陶渊明集全译》、《中国辞赋发展史》（合作）、《古代文化知识要览》（主编）、《诗思与哲思》等，这些著作现都在我的书架上。因此我对先生的治学思想、治学路径和方法等还有一定的了解。这次拜读先生惠赠的三本书，是想进一步学习体会先生治学的精神，并探寻先生治学的价值追求。通过认真阅读，最后我把注意力聚集到先生的论文自选集上。这本选集编选了先生从 1958 年至 2006 年近 50 年发表的 33 篇研究论文。这 33 篇论文关涉的内容非常广泛，从《易传》、《左传》、屈原、庄子到《史记》、陶渊明、杜甫、鲁迅等等，研究的主要对象是名家名著，评析论衡，广博深刻。不过先生研究最为着力的是先秦文学，33 篇中有 20 篇论文是研究先秦文学的。在先秦文学的研究中，有 14 篇是研究屈原及作品的。由此可见，屈原研究是先生研究的主要阵地。在这部自选集中，第一篇文章题目是“古代文学的现代意义”，这篇文章发表在 2006 年第 4 期《阜阳师范学院学报》（社会科学版）上。在先生的论文自选集中，这篇一万多字的学术文章发表的时间最晚，而先生这部论文自选集的书名也定名为《古代文学的现代意义》。由此可见，这篇文章是先生一生古代文学研究学术精神和价值追求的一个总结，也可看作是我们理解把握先生古代文学研究学术精神和价值追求的一把钥匙。下面就先生的这篇文章谈谈自己的几点心得体会。

一　关注古代文学现代意义的文化情怀

古代文学的现代意义是先生自年轻时就关注的古代文学研究的一个焦点。早在 1960 年针对有的学者提出的古代作品社会意义日趋缩小的看法，先生作为一名古代文学研究的新兵，就曾在《光明日报》副刊《文学遗产》上发表过一篇短文，题为“古代作品的社会意义缩小了吗?”文章针对“缩小论”，从古代作品接受的广泛性、理解的正确性、价值的开拓性等方面进行有理有据的阐发，并得出结论：优秀古代文学的社会意义非但没有缩小，反而是扩大了。先生晚年又撰文系统阐发古代文学的现代意义，其现实原因是历史进入21世纪，仍然“不时听到一些这样的议论：古代文化不适合现代化；传统只是一个空巢；古代文学已经陈旧落后，等等”。先生认为：“这比当年‘缩小’的议论，又不知‘前进’了多少！”对此先生断然地指出这“种种议论是极其错误的”。先生始终关注古代文学的现代意义，其实也与其深切的文化情怀有关。先生长期从事古代文学的研究，对传统的古代文化有着深入透彻的了解。经世致用的学术文化理念，使先生的古代文学研究始终与时代的进步、新文化的建设联系在一起，并由此产生了一种崇高的文化使命感，即“我们有义务保护、发扬优秀的传统文化，尤其是作为其中精华之一的古代文学”。

保护、发扬优秀的传统文化，先生首推文学，这是因为在文化传统中，文学是“最活跃、最具影响力的”。这样的看法倒不是出于先生长期研究古代文学而产生的偏爱，而是基于一种实事求是的历史观和对古代文学特点的洞晓把握。先生认为文学“接受面最广”、“影响最深”，而且由于文学贴近现实生活，往往呈现出“思想的多元化”等特点。从艺术性而论，“优秀的古代文学具有很高的艺术性，很强的创造性，这是不可重复的无法替代的，因此具有永远的魅力”。正因为此，古代文学的现代意义就体现在：“优秀的古代文学不仅在古代，即使在现代，也可以产生积极的影响。它可以给精神以营养、给思想以补充、给创作以借鉴、给审美以愉悦。事实上，通过思想的启迪，审美的感召，精神的共振，优秀的古代文学在提高思想认识、丰富精神生活，特别在提高人的素质，培养心灵等方面，确实可以起到积极的作用。”先生对古代文学现代意义的总体揭示，立足于对古代文学丰富内涵的深刻理解和由此产生的一种高度的文化自信。

二　阐发古代文学的独特价值和现代意义

在《古代文学的现代意义》一文中，郭先生对古代文学现代意义的总体揭示之后，又结合具体的古代文学作品，并针对现实中精神文化的诸多问题，对古代文学的现代意义从四个方面展开了深入细致的阐述和多维价值论衡。

郭先生在文中展开论述的第一个方面是增强爱国主义感情。“爱国主义是中华民族的优秀传统，中国历史悠久，民族众多，古往今来，无数的英雄儿女用鲜血和生命培植起来的对祖国的爱是既广阔而又深厚的，这种爱绝不能也不会被割断。在我国古代文学中，爱国主义有着动人的突出的表现。”先生在多年的古代文学研究中，对我们民族的爱国主义优秀传统有着深切的体会。先生认为爱国主义并不是一个笼统的概念，而是“在不同的历史条件下，爱国主义具有不同的内容和表现形式”。特别针对“以往曾有文章，从国家的性质、范围等方面，对古人(包括屈原)的爱国主义提出质疑”的问题，先生从三点回应了以往的质疑，并阐明了自己对爱国主义的全面理解。先生首先认为：“我们必须承认爱国的感情出之自然。”“爱国之情是以乡情为基础的。人们珍爱养育了自己的自己熟悉的山川、土地、风俗、人情，一旦离开，便有不尽的思念。所谓‘国’只是扩大了的乡土。同时国家组织理应承担保护人民抵御侵略的任务，自然就成了人们关心的对象。”显然，人们这种自然的情感，虽然与国家的性质、地域范围、阶级范畴等有关，但又不完全受此局限，特别是经过历史的变迁和积淀，最终形成一种民族的情感，一种凝聚一个民族的精神力量，使之具有了一种超国家性质、地域范围、阶级范畴等的属性。因此，先生认为对爱国主义理解的第二点是“我们必须承认中华民族是经过千百年历史发展才形成的”。我们应本着实事求是的历史观，“尊重历史，尊重历史的辩证法，毋庸回避历史事实”。“不必回避、抹煞历史过程，而应该站在今天的高度，客观公正地认识，评价历史，汲取经验教训，继承各族优秀人物的伟大精神,完成振兴中华的使命。"在古代文学作品中,既有歌颂"为保卫祖国抗敌牺牲的志士",也有赞美在平时"关心人民疾苦,为振兴祖国做出突出贡献"的杰出人物。因此,先生认为对爱国主义理解的第三点是"必须有较为宽泛的理解"。历史上那些"保卫家园、保护人民的行动,抵抗民族压迫的行动,完全可以称之为爱国行动。同时,为繁荣发展本民族——归根结底也是繁荣发展了整个中华民族做出贡献的杰出人物,为拯民于水火而不惜牺牲的仁人志士也都是令人敬仰的爱国者,他们的精神最后汇集为中华民族爱国主义的光荣传统,传之永久"。郭先生对古代文学中爱国主义的通达阐述,廓清了人们的一些模糊认识,为我们正确理解古代的爱国主义思想,坚定地继承这一份宝贵的精神遗产,增强爱国主义感情,提供了平实正确的理论指引。

"浸溉平等的民主意识"是郭先生对古代文学现代意义的价值论衡的第二个方面。先生结合具体的文学作品,阐述了古代文学所表现的平等民主意识。先生认为中国古代虽然"并未出现过民主的政治制度,但并不能说没有民主思想,可以说对人的重视,对生命的尊重,正是真正民主的思想根据"。中国古代有无民主思想,这是学术界一直争论的一个问题。特别就孟子提出过"民为贵,社稷次之,君为轻"的民本思想更是争论的一个焦点。其实只要我们以实事求是的历史观,而不是拿现代西方的民主思想来硬套的话,中国古代的民本思想就是我们民族早期朴素的民主思想,它与现代民主思想有着历史发展的渊源关系,即使在今天,以民为本,以人为本仍然是民主思想的基础,试想不以民为本的民主思想,无论它的政治选举形式多么地尊重人民,其实质只是一种形式而已。有的学者还称民本思想具有"民享、民有"的思想,而没有"民权、民治"的思想,所以不能与民主思想相提并论。其实,"民权、民治"的思想更多涉及到政治制度层面的思想,是现代民主思想的重要内容。应该说中国古代朴素的民主思想和现代民主思想的区别也在这里。我们要求中国古代朴素的民主思想完全符合现代的民主思想,才认为它是民主思想,这显然不符合实事求是的历史观。对此，郭先生有着清醒的认识。他认为“古代作家受到时代的阶级的局限，不可能具有现代意义的民主意识……许多作品的内容及形式自免不了打上时代的烙印，但其中涌动着的民主平等精神，却总归是可贵的精神财富”。先生观古鉴今，认为这一宝贵精神财富的现代意义在于：我们的现代社会，“陈旧的等级观念，权势意识依然存在，优秀的古代作品，依旧可以起到浸溉人们心田，为发展既尊重别人又自尊自重的良好社会风气，发挥其应有的作用”。由此我们可以看出，先生不但热爱关心中国的古代文化，而且更热爱关心中国的现代文化的发展。

郭先生对古代文学现代意义的价值论衡的第三个方面是对古代文学表现美好情感的礼赞，并指明其现代意义在于“唤起纯洁美好的感情”。感情是各种文学作品不可或缺的内在特质，特别是中国古代文学作品多为“文穷而后工”之作。古代的文学家“在困境中奋争，追求真善美的理想，讴歌纯洁美好的感情，企盼着美好的世界”。先生在这一部分，从爱情、亲情和乡情的三个层面，结合具体的文学作品，展现了古代文学丰富美好的情感世界，阐述了许多优秀的文学作品所表现的真挚美好的爱情、亲情、乡情对滋润人们心田的文学和美学价值。爱情是文学艺术永恒的主题。先生在文章中对此也做了精到的阐释。“古代以爱情为主题的文学作品，往往是一曲美好心灵的颂歌。这些作品揭示了真挚的爱情与虚伪的礼教，与庸俗的价值观，是绝对不相容的。”爱情与人类生活相伴，古今爱情的真谛是相通的，可以说这是一个常说常新的话题。当今虽然社会制度发生了根本的变化，但“一些人将爱情看得过于随便，对待婚姻，多着眼于金钱，地位”等，这种不严肃、势利的爱情观，仍然在侵蚀着一些人的心灵，对此“古代文学中的爱情主题对于培植心灵的鲜花仍具有现实的作用”。亲情、友情从广义讲也是一种爱情，我们一般地理解亲情为亲人之情，友情为朋友之情，这也是人之常情。在中国文化中，亲情、友情是受到高度重视的。人类这种美好的情愫在中国古代文学作品中，多有讴歌与赞美。在先生的文章中，对这类文学作品的现代意义也进行了深入细致的阐发。尤其是当今社会，由于各种原因，亲情、友情都呈现出淡薄化的趋势，先生对此深有感慨，并真诚劝言："人不是机器，也不是孤立的存在，缘自天性的亲情，互信互爱的友情是应该珍视的，知道感恩，能被感动，才是一个完整的心灵。优秀的古代文学是能给人们很多启发的。"

在古代文学中，有大量的作品描写自然，赞美自然。那些自然景物，无论是奇观，还是寻常，无论是壮美，还是优美，"到了诗人的笔下便具有极高的审美价值，这是因为诗人能够准确地把握美之所在，并用全身心去感受它、表现它"。郭先生在文章中对古代文学现代意义的价值论衡第四个方面，就是古代文学可以培养人们对大自然的热爱。先生在这一部分引证了大量的古代名篇佳作，并强调指出"古代描写自然的文学，有一个显著的特点，那就是不单纯写景，而往往结合着抒情，以作者的主观感受，赋予自然景物以活跃的生命"。情景交融、物我合一，这是中国古代文学作品审美的至境。在情中有景，景中有情的交融互动中，人们崇尚自然、热爱自然，由此体验享受与自然的共生与和谐。联系现实，先生认为"我们强调人与自然和谐相处，重视生态平衡，环境保护。强调培养人们关爱自然，欣赏自然的优良素质。这方面，优秀的古代文学积累了大量的精神财富"。培养人们热爱大自然的情感，最终意义还在于呼唤人们树立保护环境的意识和人的优良素质的提高。

从以上四个方面具体阐发古代文学的独特价值和现代意义，是郭先生这篇文的重心所在。其实，先生只是择要而言，中国古代文学的特有属性往往是文史哲融为一体，中国古代文化的载体经、史、子、集都与文学有着不解之缘，由此可以说中国古代文学是中国古代文化的诗意表达，其文化内涵是异常丰富多彩的。

三　继承弘扬古代文学的文化精华

阐明古代文学的独特价值和现代意义，其目的是要坚定地继承弘扬我们民族古代的文化精华，构建我们民族的新文化。郭先生在论文的最后表明了自己的宏愿。古代作家在作品中表现出卓越的精神和杰出的智慧,是他们用心血,甚至以生命为代价写就的精神创造,经过历史的大浪淘沙,流传至今,已然成为我们民族文化、民族精神的一部分,这也是我们民族文化、民族精神的重要传承,"中国人之所以成为中国人,与这种传承有着密切的关系"。对此,"我们是没有丝毫的理由予以轻视、贬低的"。

虽然古代的作家作品离我们时间久远,历史环境也发生了变化,但文学作品所传达的人类思想感情大体是古今相通的,对真、善、美的追求也是基本一致的。我们要破除那种古代的就是封建的,封建的就是落后的僵化思维定式,真正以实事求是的历史观和辩证的思想,来对待古代的优秀作品,继承弘扬其文化的精华。中外历史文化的发展证明,"伟大的作品常读常新,具有永恒的品质"。

优秀的文学作品对人们的影响往往是润物无声、潜移默化的,她对引导人们追求真、善、美,形成健康正确的人生观、价值观都有着不可替代的作用。因此,"对于现在世上流行的暴力、色情、荒诞种种的'文学艺术作品',我们决不能掉以轻心"。对于这种媚俗趋利的文化现象,先生认为我们应该继承古代作品的精华,并不断创新,"创作出更多的能够提高人们素质,有利人类自身发展的优秀作品,起到优胜劣汰的效果"。

郭先生一生热爱古代文学,热爱古代文化,但先生的研究从未离开对现实的关注与思考,在文章的结尾,同样表明他一贯坚持的继承古代文化精华,建设民族新文化的殷切期待:"我们提倡精神文明,主张在科学技术突飞猛进,经济高速发展的同时,不能忘掉人类自身的提高,不能忘掉思想文化的建设。在这方面,优秀的文学遗产是可以发挥重要作用的。"

在郭先生一生的学术研究中,古代作家最尊崇屈原,现代作家最尊崇鲁迅,尤其是鲁迅先生对古代文化的深思洞察与古为今用的辩证思想深刻影响了先生的学术研究。先生在一篇题为"常研常新,永驻辉煌"的文章中,曾引用了鲁迅先生的一段话:"夫国民发展，功虽有在于怀古，然其怀也，思理朗然，如鉴明镜，时时上征，时时反顾，时时进光明之长途，时时念辉煌之旧有，故其新者日新，而其古亦不死。”这段话也可视为先生一贯所秉持继往开来的学术精神的最好注解。“我们有义务保护、发扬优秀的传统文化。”先生正是以这样一种崇高的文化使命感，在退休的晚年，仍然关注着古代文学的现代意义，仍然心系着新文化的建设。秉承先生的学术精神，担当起“保护、发扬优秀的传统文化”的重任，继往开来，我想这将是学生对先生最好的纪念，这也是我们每位古代文学研究者义不容辞的责任。

2012 年 3 月 26 日完稿

战国思想文化背景下的屈原

——读《屈原评传》

吴正岚(南京大学)

楚辞学作为一个研究课题,早在汉代就有了初步建构;对屈原的生平家世的探索,也从《史记》为屈原立传开始而持续至今。近现代以来,随着西方科学方法的输入,地下材料的发现和民俗学、神话学的进展,楚辞和屈原研究更呈现出“光景常新”的趋势。在这一学术积淀如此深厚的领域,不仅超越前人、创新突破殊非易事,在纷纭众说中辨别真伪、择善而从也颇费斟酌。郭维森先生的《屈原评传》(南京大学出版社,1998 年 12 月版),不仅对屈原的生平家世和楚辞的艺术创造进行了全面的考索和介绍,还剖析了屈原作品的思想意义、审美追求和深远影响。这本《屈原评传》在研究角度上的主要特色,就是把文学家和政治家屈原置于战国百家争鸣的时代背景下,突出楚国文化与中原理性文化同中有异的特点,从而勾勒出楚国士人屈原的追求美政、怀疑天命和积极入世的思想轮廓。

从探索屈原与战国思想文化的关系这一角度入手,《屈原评传》在辨析前人诸说的基础上,在屈原的生平、思想和创作等多方面提出了独特的创见。《屈原评传》尤为值得注意的特点是:

一、强调楚国文化和屈原思想的理性精神。这是该书立论的前提。《屈原评传》在承认楚文化具有重巫好祀的独特性的同时,着重揭示了楚文化与中原文化的相通之处,认为楚国贤臣奉行以国家为重、安民为本的道德规范,楚人教育以《春秋》、《诗》、《礼》等为教材,都与中原文化毫无二致。楚昭王拒绝祭祀河伯等事实,

“说明在楚国上层中，并不缺少理性的认识”（页 41）。郭先生还广泛征引《国语》、《左传》、《吕氏春秋》和《史记》等典籍中的材料，申明了“春秋以来，楚与中原各国频繁交往，其文化之发展，决不滞后于中原各国”（页 40）的观点。而屈原本人的思想，则颇与战国诸子学说有相互发明之处。对楚文化及屈原思想的理性特征的重视，显然有助于该书对以下问题进行有说服力的论证：

1. 屈原及其作品的存在。从清末民初廖平在《楚辞新解》、《楚辞讲义》中否定楚辞为屈原作品开始，怀疑屈原及其作品的论调曾多次卷土重来。《屈原评传》揭示了胡适的“箭垛理论”、何天行的楚辞成于淮南王刘安之手等说与历史事实的矛盾。对于国外学者提出的楚辞是集体创作的民族歌谣之说，郭先生指出其错误在于不仅忽略了“当时的楚国文化总体上与中原各国处于同一水平，也同样地重理性”（页 89），而且忽略了屈原作品中所表现出的政治理想、人生态度都充满理性精神。郭先生最为突出的创见，是通过分析屈原创作的个性化特征，论证屈原其人的不容否定。郭先生将楚辞与《诗经》的《雅》诗中个性较鲜明的诗篇进行比较，提出两者在多为贵族作品、多属政治抒情诗、有较强的叙事性且篇幅较长以及诗篇与作者的个人联系密切等方面具有共同之处，从而证明战国时代的屈原自然会写出《离骚》这样的政治抒情诗。显然，这一结论的取得，与郭先生对屈原所处的战国时代背景的重视是密不可分的。此外，在论证《离骚》中的“正则”、“灵均”为屈原名字“平”、“原”二字的解释时，郭先生对战国时楚国的均平思想的联想，尤具启发性。

2. 揭示了屈原之怀疑的天道观的基础及其特点。郭先生认为，“春秋战国时代诸子百家思想的主要方面，是重理性的”（页 228）。与孔子的“敬鬼神而远之”、老子的“道法自然”、荀子的“制天命而用之”等诸子天道观相比，屈原在《天问》等篇中表现出来的天道观可谓独树一帜，具有寻根究底、敢于怀疑的特点。《天问》对宇宙起源等问题的追问，无不“反映了理性时代参验考实的态度”（页 241）。而参验考实的方法本身，则与法家思想颇有契合之处。

3. 分析了屈原爱国主义思想的时代特征。近现代学者从春秋战国时“楚材晋用”的风气盛行等角度，提出了屈原的时代不可能产生爱国主义的观点。《屈原评传》在列举史实论证春秋战国时代尤其是楚国的爱国事例并不少见的基础上，着重阐明了战国是一个思想分歧和价值多元的时代，因而在反复无常的策士活跃于政治舞台的同时，爱国主义依然闪耀着光辉。屈原的爱国主义具有鲜明的时代特征。在此，郭先生总结道：“我们必须准确地把握战国时代的思想意识，才能深入一层地认识屈原的爱国主义。”(页285)

二、《屈原评传》在分析屈原的学术思想的过程中，往往从与诸子学说的比较中揭示其特点。但郭先生对楚辞作为文学作品的独特性也给予了高度的重视。这一点在解决屈原思想流派的归属问题时，表现得尤为明显。传统文化竭力将屈原纳入儒家思想的范畴，今人则有儒家、法家、道家等不同说法。对此，郭先生首先提醒人们，先秦百家争鸣的实际情形本身比较复杂，战国时期九流十家之间又进一步相互交融。更重要的是，“屈原作品毕竟又与诸子著作不同，它是文学，是诗，并不系统地表达政治、哲学观点。与其勉强地将屈原归属某一学派，还不如检查屈原在他的诗中，究竟表达了什么样的观点”(页209)。这一视角显然具有截断众流的意味。郭先生通过考察屈原“美政”思想中的效法尧舜、重民利民、崇尚法制、举贤授能等具体内容，揭示出屈原诗歌中的政治思想接近于荀子，而其总体特征则是对诸子百家的扬长避短，这正是由作为文学作品的屈原诗篇本身所固有的理想化色彩决定的。郭先生对屈原思想流派归属的处理方法和结论，为考察文学作品的思想倾向提供了一种极为重要的示范性方法。

正是由于重视楚辞的文学特征，郭先生还对屈原研究中的牵强附会现象提出了批评。如《思美人》中有“指嶓冢之西隈兮，与纁黄以为期”一句，注家或以为含有报秦之意(以嶓冢山一带为秦发祥之地)，其实此句与《离骚》“指西海以为期”相近，都是远游以销忧之意。又如，郭先生指出：“虽然从总体上讲，《天问》是抒愤之

作,但我们当然不能也不必为所有内容都找出抒愤的含义。那样做就必定要牵强附会。”(页 133)

三、重视实证和疑则传疑的学术方法。如前所述,《屈原评传》突出了楚文化和屈原思想中的理性精神,其中不可避免地融入了郭先生本人的价值判断。但全书的论述绝无以观点驾驭材料之弊。在批驳有关屈原及其作品的怀疑论时,郭先生指出其致命弱点在于他们“提不出确凿的证据,却用了许多‘可能’、‘也许’、‘大约’等等的推测之词”(页 86)。由于上古材料的佚失,对屈原生平家世以及作品的旨趣,历来聚讼纷纭。郭先生择善而从的依据,是论点必须有充分的证据。对于毫无根据的臆测,如宋林应辰、明汪瑗认为屈原是大贤,故不会自杀等等,郭先生一概加以驳斥。郭先生重视屈原的理性精神,但并不因此抹杀其作品的楚文化特色。比如《山海经》、《墨子》等先秦典籍以及出土文物都证明了《九歌》与祀神歌舞的联系,是故郭先生赞同“由于楚国的巫风盛行,(九歌)自然保存了较多的原始的风味”(页 141)之说。在具体的论证方法上,郭先生往往综合运用书面文献和地下材料,还强调从作品本身寻找根据。此类例子在全书中俯拾皆是,兹不赘述。对于屈原研究中许多难以落实的问题,郭先生则采取“疑则传疑”的方法。比如对于《九章》中的《惜往日》、《悲回风》等篇的真伪,郭先生认为:“我们也应估计到先秦古籍的种种复杂情形,古人写作不同于今人的心理,还是慢一点做出结论为好,不妨暂归属于屈原作品而有所存疑。”(页 179)这种历史主义的理性态度,尤其发人深思。

最后,令笔者感佩不已的是,正如郭先生不惮“炒冷饭”之讥,着力分析屈原的爱国主义的时代特征,是因为“这个问题关系到对屈原的基本评价以及对他给予后世的积极影响的确认”(页 275),《屈原评传》的字里行间,处处都跃动着郭先生对于弘扬传统文化的社会责任感。郭先生在屈原研究中的具体观点容或有可以商榷之处,但郭先生的以弘扬传统文化为己任的学术精神,对我等晚辈有着不容置疑的指导意义。

知识深度与文化趣味的完美融合

——评《图说中国文化基础》

吴正岚(南京大学)

在社会经济高速发展、生活节奏日益加快的今日,人们的精神世界也经历着前所未有的震荡。从古代文化中寻求心灵的平衡和安宁,似乎成了多数人的共同选择。于是"国学热"、"文化热"不断升温,易中天、于丹等"学术明星"竞相登场。在人们热烈地追捧形形色色的传统文化的大餐和小吃时,有识之士则清醒地认识到,在传统文化的普及中,如何做到既尊重历史文化的原貌又适应当代社会的需求、既准确地诠释经典的本义又使接受者喜闻乐见,其实是一道尚未真正解决的文化难题。南京大学中文系郭维森教授和柳士镇教授主编的《图说中国文化基础》(新世界出版社 2007 年版)作为一部由海内外十余位知名专家合作撰写的读物,为准确而生动地普及华夏文明提供了成功的范例。此书由"政治・经济制度"、"宗法・礼俗"等十二章构成,全面地阐述了古代文化的基础知识;书中 40 万言的文字阐述与 800 余帧的精美图片相得益彰,大大增强了读者的感性认识。由于主编和执笔者都是学术建树极高的著名文史专家,又以文笔生动活泼和富有文化情趣享誉学界,这就充分保证了此书是知识深度与文化趣味的完美结合。

就知识的精当而论,本书的可圈可点之处可说是不胜枚举,今择其要者论之。作为一本古代文化的入门读物,此书的优点首先在于内容的丰富多彩。此书几乎涵盖了中华文化的所有重要问题,更难能可贵的是,此书在内容的安排上匠心独具,既适合有志于古代文化研究的初学者,又满足了一般文史爱好者对古代文化的好奇心。此书将古代文化分为"政治·经济制度"、"宗法·礼俗"、"法律"、"天文·历法"、"历史"、"地理"、"哲学"、"宗教"、"文学"、"语言学"、"校雠学及工具书"、"艺术·体育及其他"等十二大类。如果说前九类是一般传统文化读物的常见内容的话，那么后三类则体现了此书较为广阔的文化视野。其中，"校雠学及工具书"一章论述了古籍的版本、校勘、目录、典藏、工具书的选用、古代的丛书、类书和伪书等问题，涉及到古典文献学的方方面面，可以视为一部简明扼要的《古典文献学概论》，有助于文科专业的学生掌握古典文献学的基础知识。不同于此章的偏于学术性，"艺术·体育及其他"一章包含了书法、绘画、建筑、音乐、舞蹈、服饰、饮食等更为感性的内容。对于通过文物、古迹等途径接触古代文化的人们来说，这一章的内容读来一定是兴味盎然的。其中，更能吸引人们眼球的也许是"民间拳术"、"历代帝王陵寝"、"妓女与妓女文化"等篇目。"民间拳术"一节论述了古代拳术从殷商到明清的发展演变，对爱好武侠文学的读者来说，是不可错过的精彩章节；"历代帝王陵寝"中有关古代帝王陵寝的源起和发展过程的论述，可与人们在游览祖国各地的名陵古墓时的所见所闻相印证；从"妓女与妓女文化"这一篇中，我们可以了解到古代风尘女子与士子官员的浪漫故事背后的狎妓风气，以及这种风气对人性的摧残和压抑。

由老中青三代著名学者组成的强大作者阵容，使得此书的学术水准超过了所有的同类读物。本书的主编郭维森教授和柳士镇教授分别是著名的古代文学和古代汉语研究的专家。郭教授对屈原、司马迁和陶渊明有着精深的研究，是学界公认的辞赋学权威；柳教授长期从事语言学研究，在语言学界享有极高声誉。正因为如此，两位教授在亲自撰写的章节都融入了他们对相关问题的深入把握和独特思考。以郭教授撰写的《风骚传统》一篇为例，"风骚"传统是指中国文学史上一贯推崇的《诗经》与《楚辞》相结合的文学传统，此篇从起源、内涵、相互关系三方面解释了"风骚"传统。先揭示了"风骚"传统起源于汉代，又从文学风格上的怨刺、写作手法和创作内容上的比兴与象征、审美风格上的含蓄朦胧、作品内容上的关注政治和人生等四个方面论述了“风骚”传统的内涵，最后点明了“风骚”传统的实质是现实主义与浪漫主义倾向的相互补充。全篇高屋建瓴，条分缕析，将这一源远流长的文学传统的来龙去脉和基本特征清晰地展示在读者面前。本书的作者中最年长的是八十多岁高龄的著名文史专家卞孝萱先生。作为唐代文史研究的权威，卞先生撰写的《科举取士》、《天地四时与职官》等篇极为深入浅出。事实上，本书的十几位作者都是著名文史专家，比如徐有富教授之于校雠学、滕志贤教授之于训诂学、李开教授之于清代经学、张伯伟教授之于古代文学批评、赖永海教授之于中国佛教，都堪称成就卓著，他们所撰写的相关篇章自然具有难以企及的学术水准。

值得一提的是，撰写此书的专家学者大多在普及传统文化方面具有丰富经验，擅长将古代文化知识阐述得明白易懂、生动有趣。比如，徐有富教授等撰写的《古籍版本》一篇的开头，讲述了明初一位医生所依据的医书将“饧”字误刻为“锡”字，结果该医生嘱咐病人煎药时要放一块锡的笑话，这就使得读者在莞尔一笑的同时，深刻认识到了古籍版本的重要性；又如，徐克谦教授所写的《离异问题》，本来就是一个现代人颇为关注的社会现象，作者又时时注意到将古代离婚制度与当今社会相对照，此篇自然成为耐人寻味、发人深省的佳作；还有，徐兴无教授在介绍古代茶文化和酒文化的微妙关系时，引用了明代冯梦龙《广笑府》中茶与酒争相夸耀各自妙处的“茶酒争高”的笑话，令我们对茶酒文化的关系中蕴涵的儒释道思想的冲突与融合有了极为感性的认识。

此书的文字叙述堪称知识性与趣味性的完美结合，而编辑精心选择的插图和范文与正文相得益彰、相互发明，使此书真正成为深入浅出、通俗易懂、具体生动的文化精品。很多涉及到器物形状、空间方位、视觉艺术等问题的文化常识，其实是必须借助相应的图片才能解说得清楚的。比如，《计时单位及记录方法》一篇中介绍的古代测量回归年的圭表，虽然并非形制复杂的仪器，但书中所附“江苏仪征石碑村一号东汉墓”出土的铜质圭表的图片，显然便于读者轻松地领会圭表的原理和用法;《货币制度》一篇中插入了不同时代的货币的图片,实有一目了然之效;而《书法艺术》、《绘画艺术》等篇中所附的名家名作的插图,则给我们带来了妙不可言的艺术享受。800 多帧精美图片的加入,使得此书实际上还兼有"中国古代文物图片集"的性质。书中还附录了经、史、子、集的篇章,如《诗经·豳风·七月》、《后汉书·蔡伦传》、《白马论》、《闲情赋》等,不仅有助于说明古代哲学、历史、文学的特征,而且使得本书同时具有了"中国古代文化经典导读"的功能。因此,从某种意义上来说,此书可以视为"中国文化基础知识"、"中国古代文物图片集"和"中国古代文化经典导读"的三位一体。

总之,《图说中国文化基础》是海内外著名专家合作撰写的古代文化入门读物,内容极为丰富多彩,涵盖了古代文化和生活的方方面面,在知识性和趣味性两方面都远远超出同类读物,是一部值得古代文化专业的初学者和古代文化的爱好者阅读和珍藏的文化精品。

全方位诠释五千年之璀璨文化

——郭维森、柳士镇《图说中国文化基础》一书评介

管仁福(中国矿业大学)

在传统文化日益受到世人重视的今天,一部全方位诠释五千年之璀璨文化的《图说中国文化基础》一书,由新世界出版社在2007年11月适时隆重推出。该书由南京大学著名学者郭维森、柳士镇教授主编,内容涉及政治、经济、历史、哲学、文学等诸多门类,全面阐述了中国传统文化的源起与发展,是一部融学术性、趣味性、审美性、普适性为一体的中国文化基础读本。该书内涵广博,雅俗共赏,特色鲜明。

一　内涵广博,要言不烦

中国文化博大精深,蔚为大观。作为一部旨在全面诠释中国文化基础的文化读本,内涵广博是该书的一个基本表征。该书内容共分为政治经济制度、宗法礼俗、法律、天文历法、历史、地理、哲学、宗教、文学、语言学、校雠学、工具书、艺术体育及其他等十二个大类。在艺术体育及其他一类中,又包括书法、绘画、建筑、音乐、体育、服饰、饮食、妓女与妓女文化等若干小类。可以说,该书内容几乎涵盖了中国古代精神文化的方方面面。

不过,该书对其广博内容的诠释,并不是采取面面俱到、事无巨细的详述尽说,而是采用了分门别类、着眼基础、突出重点的述说方式,如政治经济制度一类,可评述的内容很多,而编者只选择了察举、九品中正制、科举取士、天地四时与职官、幕府制度、官学

和私学、兵役制度、货币制度、土地制度、度量衡、商业活动等条目进行评述，既点面结合，又详略有致、要言不烦。就近几年已出版的此类图书而言，能做到内涵广博者多，但能做到选精择要、要言不烦者少。该书十二个大类的评述仅用了 40 多万字，体现了编者编写该书"涵盖面广、篇幅适中"的初衷，而这一初衷的实现，则形成了该书"内涵广博，要言不烦"的基本特色。

二　沿波探源，述而有作

中国文化创造了世界文化的奇迹，几千年来生生不息、一脉相传、源远流长。正因为如此，中国文化中每一种文化现象的出现、每一种文化成果的形成，都有着前因后果的历史轨迹。《图说中国文化基础》一书编撰者就沿循中国文化生成发展的历史轨迹，沿波探源，原始表末。如"科举取士"一节，作者卞孝萱先生从隋代实行科举取士开始，一直到清光绪三十一年(1905)废除为止，全面评述了其形成、发展、衰败的全过程，而且还对各个时期科举取士制的利弊进行了历史客观的评析。这使读者在阅读中，既能对"科举取士"这一文化现象有一个历史的把握，同时还能对其历史作用有一个较清晰准确的理解。再如"西方学术之输入"一节，作者邹振环先生以时间为序，从"送药"、"求方"、"窃火"三个阶段，全面诠释了自东汉至 20 世纪初"中国知识分子在'送药'、'求方'和'窃火'的漫长道路上，经历了一个从搀杂了宗教意识的科学、史地知识读物、军事技术、应用技术、自然科学理论到社会科学这样一个由浅入深的认识深化过程"，表明了中国文化兼容并包、海纳百川的胸襟与气度。从而也启示我们当代中国文化的伟大复兴，既要从本民族的文化传统中汲取有益的营养，又要立足现实，面向世界，博采众长。这既是中国文化发展的历史印迹，也是我们构建当代新文化的必由之路。

沿波探源是《图说中国文化基础》一书的一种基本文化诠释方式。由于该书的作者多为著名的学者，故而他们在对文化基础进行沿波探源诠释的同时，也融入了他们研究的心得与卓识。如“儒学之发展”一节，李开先生在诠释孔子儒学发展源流时，提出了原始“孔丘儒学”，以及“后世官方儒学”、“后世士林儒学”等三种不同的存在形态，这就为我们全面客观认识理解孔子儒学的演变，以及历史作用与价值，提供了一个明晰而切实的视域，也为我们识别“真儒学”与“伪儒学”提供了一个历史的参照界标。在“文学批评”一节中，张伯伟先生以其深厚的学养，举重若轻，简明扼要地廓通了中国文学批评的基本脉络，并在最后从中国文学批评受儒道释思想的影响、与创作实际的关系和与艺术理论的关系等三个维面总结了其特点。虽说文字简括，但言简意赅，非一般文化知识介绍所能及。

该书对文化基础的诠释，不是一般知识的说明介绍，而是在学术研究基础上的述而有作。这种述而有作不是作者的即兴发挥，也不是简单的肯定与否定，而是在严肃的学术思考之后的一种科学的审视，一种客观而辩证的评述。正如郭维森先生在前言中所说：“当我们面临着现代化发展的时候，传统文化仍旧发挥着它正面或负面的影响，或者成为发展的动力，或者成为因袭的重担。我们的任务只能是：继承并发扬传统文化中优秀的部分，同时扬弃其中的糟粕，克服其消极的影响。”也正因为如此，该书比一般此类图书更具有深厚的学术文化品位。不过，该书述而有作的表达，又不同于严肃的学术论文，而是在一种客观平实、深入浅出的诠释中，透露出作者的真知与卓见，从而给读者以有益的引导与启迪。这也使该书的学术性和普适性得到了很好的结合。

三　图文并茂，雅俗共赏

中国文化美善兼备，文质彬彬。该书的编纂也体现了这一中国文化的美学特征。全书选配了 800 余帧相关图片，或置卷首，或穿插其间，图说与文说相互印证，相得益彰。如书中“度量衡”、“嫁娶制度及冠礼”、“音乐乐器”、“服饰”、“饮食”等章节附有诸多图片，形象而直观，增强了读者的感性认识；“绘画艺术”一节所选配的不同历史时期的名画，更是精彩纷呈，使读者在阅读文本、丰富学识、启迪心智的同时，还能得到一种艺术的享受和熏陶。可以说，该书所选图片的丰富性与精美性，也是目前此类图书所罕有的。不仅如此，该书“还选辑了各方面的经典篇章，或随文一侧，或附文后。读者在阅读时，稍作停驻，可醒倦眼，可发奇思”。如“科举取士”一节所附清代韩菼的“八股状元文”一例，让读者对八股文有了一个实际的了解；“货币制度”一节所附西晋作家鲁褒的“钱神论”，诙谐幽默，讽刺辛辣，令人解颐。在“文学”一类，附有精选名家名篇，可使读者在阅读有关评介的同时，直接赏析作品，省去翻检之劳。

在行文笔调方面，该书不拘一格，或典重文雅，或轻松明快，随所评述内容不同，变化流动，趣味盎然。如“茶文化、酒文化”一节，作者徐兴无先生引经据典，穿插逸闻趣事，以轻松明快的笔调向读者介绍、评述了中国茶酒文化的源流演变，以及内在的思想文化底蕴，从一个侧面显示了该书的学术性、趣味性与可读性。

总之，《图说中国文化基础》一书，内涵丰富，特色突出，显示了该书融学术性、趣味性、审美性、普适性为一体的整体风貌。该书可以说既是一部了解中国文化较好的入门读物，又可作为一部全面了解中国文化的案头工具书。不同层次的读者都可从该书得到知识的沾溉、审美的陶冶、文化的滋养。当然，上述评介只是该书荦荦大端而已，该书诸多精妙优胜之处，还需读者去含英咀华、细心领悟、提要钩玄。最后谨以郭维森先生在该书前言中的一段话结束本文：

> 传统文化树立了民族文化的主体地位，确立了吸收、融合外来文化的基础。因此，它不是历史的陈迹，也不是抱残守缺者崇拜的偶像。它是发展民族新文化的逻辑起点，是建设具有民族特色的、切合现代生活的社会主义精神文明的必要条件。

诗联画

贺八十寿诞

一

郭维森先生八十华诞志庆

乐只君子溥厚德
争光日月见精神

南京大学文学院暨中国古代文学专业　敬贺

二

岁历行开九秩新，[①]
椿龄有庆正庚寅。
离骚赋里三家志，[②]
松菊堂中五柳巾。[③]
德教频频援后学，
师心奕奕见精神。
欢欣共赏初秋月，
执杖南山又一春。[④]

学生许结　敬贺

---

① 此借古人句，昔谓行八秩则进九秩。
② 先生乃屈原及辞赋研究大家；三家，指“楚虽三户”，喻爱国义。
③ 先生好陶，曾全译陶集；退休隐处，著书自乐。
④ 用“寿比南山”义。

挽　联

一

郭维森先生千古

蕙茂兰芳怀好雨知时玄圃遽归空洒泪
经传道在念春风满座绛帷长闭黯伤心

南京大学文学院
古典文学研究所全体师生　敬挽

二

郭维森先生千古

金山江浪钟岭松涛试问英灵何往
屈子高风史公亮节已知毅魂谁归

南京大学文学院中国古代文学学科全体成员

三

大汉文章笔底波澜常惠我
中华赋学前贤典范用思公

学生许结 敬挽

四

恩师郭维森先生千古

请益无从迎风恸洒门生泪
因才有教沐雨深铭座主恩

门生李立朴 敬挽

四君子图

顾学华 画　顾学梅 诗

梅

蓓蕾经冬迎春阳，
遒劲秀美送暗香。
临望梅谷花似海，
细浪寄语向苍茫。

兰

幽兰独秀空谷坡，
清雅高洁品自多。
畹亩播芳天地阔，[1]
一株犹留慰山阿。

① “畹亩”借意《离骚》“滋兰”、“树蕙”之句。

竹

直节虚怀韧有刚，
青葱滴翠向朗朗。
春雨无声润篁野，
新笋节出老根旁。

菊

秋菊姿彩任自然，
瘠土沃壤生花繁。
观赏品啜皆堪赞，
生命如炽不空燃。

2012 年 4 月诗、画

附录一

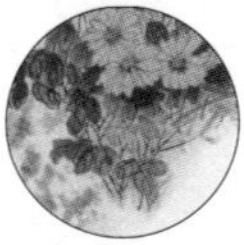

郭维森教授生平纪事

1931 年

9 月 12 日，出生于江苏省镇江市，排行第二。曾用笔名：时潇、红树、加林、嘉林、郭加林、郭嘉树等。

＊ 维森祖籍安徽省亳州。祖父郭礼徵(1875 年 3 月 15 日～1953 年 4 月)在恩师张謇的影响和支持下，于 1904 年在镇江创办“大照电气股份有限公司”，是江苏省华商第一家电力企业。其后携家定居镇江。祖父不到五十岁时因病丧失近期记忆，公司总经理工作交由其三哥代理数年，至新人接掌。

10 月，维森的父亲郭挹青，因伤寒病复发被庸医误诊而逝世，终年二十三岁(1908 年 2 月 5 日～1931 年 10 月)。从此二十四岁的维森之母时储洁，便独力支撑起上有病弱二老，下有稚幼二子(长子维彬时年不满两岁，维森出生三十多天)的家庭重担。

1937 年～1939 年　六岁～八岁

为躲避日本侵略战火，1937 年冬，全家老幼逃难，辗转上海及安徽老家、乡寨，历经困难、危险。1939 年夏，无奈返回已沦陷的镇江家中。

1939 年 9 月～1943 年 8 月　八岁～十二岁

先后入读镇江上河边初级小学三、四年级，薛家巷完小五、六年级。

＊在学校，语文课老师讲法国作家都德的《最后一课》；地理课老师因给孩子们讲中国的版图怎样被蚕食，竟致被抓进日本宪兵队……孩子们感受到了亡国之痛，加深了爱国情感，令维森终生难忘。

1940 年，日本占领者对“大照”公司既不保障其煤炭供应，又不允许停止供电，以此逼迫大照公司“同意”由日本的“华中水电股份有限公司”来“委托管理”，实际上并吞了“大照”。家庭失去了经济来源。

1943 年 9 月～1947 年 2 月　十二岁～十五岁

由初中一年级到高中一年级上学期，先后入读镇江成志中学、新苏中学和省立镇江中学。

＊ 这期间维森阅读了一些古今文学作品等，受到思想、文化的滋养，培养起了文学爱好。1946 年曾有两篇习作《山野》、《张老大》先后登在当地报纸《东南晨报》的副刊《学青周刊》上，表现出他小荷初露的文学才华及超过其年龄的成熟。（文见《零敲碎打集》）

1945 年 8 月，抗日战争胜利，国民政府收复镇江。一度被日本并吞的“大照”判还郭氏家族。但未几，又被当地政府以合并为“镇江水电公司”之名兼并。

1947 年 2 月～1948 年 11 月　十五岁～十七岁

就读扬州中学高中一年级下学期、高中二年级上学期。

＊ 维森的两篇习作，受到语文老师称赞，并推荐在当地报纸

副刊《扬风》上发表。这期间,他阅读了不少世界文学名著、苏俄小说等。特别是一些革命文学作品,为他打开了另一世界画面,他开始思考人生的意义,对革命产生了朦胧的向往。

1948 年 11 月～1950 年 7 月　十七岁～十八岁

解放战争推进至苏北,扬州中学于 1948 年提前放假,乃返回镇江,借读于镇江中学。

1949 年 4 月 23 日,扬州、镇江解放。5 月返回扬州中学读高中二年级(理科),至 1950 年高中毕业。

高中毕业后,本想报考华东革命大学,后由于身体条件及家人劝阻,而改为报考国立南京大学(后名南京大学)。

1950 年～1951 年　十八岁～十九岁

1950 年秋进入国立南京大学中文系学习。

* 1940 年,维森怀抱着"文学可以救人灵魂"的文学梦,进入中文系。当时中文系有胡小石、陈中凡、罗根泽、汪辟疆、陈瘦竹、方光焘、黄淬伯等名师荟萃,学术气氛浓厚。维森在学习中开阔了视野,培养起对科研的兴趣。大学一年级的读书报告是《论〈诗经·国风〉并非全为民歌》,罗根泽教授给以仔细批阅,至今仍珍留纪念。

1951 年 2 月,大学一年级第二学期,因母亲谋得公司职员工作(无劳保待遇),乃主动放弃了助学金,虽全家老少五口,仅母亲一人工作。

1951 年～1952 年　二十岁～二十一岁

1951 年 10 月,随中文系参加皖北土地改革运动。与当地干部组成小分队,发动群众、斗地主、分田地,以消灭封建土地所有制，实现“耕者有其田”。

参加土地改革返校后，1952 年，被批准加入“新民主主义青年团”(1957 年 5 月更名为“共产主义青年团”)。

* 土改后，维森有机会多次随学校去农村。他懂得了关注农民、农村。在农村合作化、人民公社化、三年困难时期，而至 1978 年以后的家庭联产承包责任制等变化过程中，随之而忧而喜。

1952 年夏秋，全国高校院系大调整，南京大学调整为包括文、理两大科系的综合大学，维森随中文系迁至原金陵大学校址。

1953 年～1954 年　二十二岁～二十三岁

1953 年 4 月，提前毕业，分配到南京大学物理系任政治辅导员兼政治课助教。

* 维森虽心系中文专业，但仍服从组织分配。并购买了《资本论》等书籍，从头学习。后因中文系需补充师资，被调回中文系任政治辅导员兼专业课助教(同时任教师团支部书记、团总支副书记)。此期间受方光焘先生指引，研读了较多外国作家作品，多次聆听方先生的真知灼见，受益良多。

1953 年 4 月，祖父郭礼徵病逝，享年七十八岁。镇江市人民政府有关部门及乡绅、亲友致送花圈，沉痛送葬。

* 维森祖父墓地早已不存在。2007 年 8 月 26 日，镇江市人民政府公布，现存的郭氏原生活用房为“郭礼徵旧居”，作为“镇江市文物保护单位”，立碑以志。

1953 年，镇江市成立“公私合营镇江水电公司”，其中包括“大照公司”。母亲仍是公司职员。公司提出借用老宅为营业所，母亲与祖母乃另租房居住。

祖父留下的一套《古今图书集成》(一千六百二十八册，清光绪十四年印成)，经母亲同意，捐赠南京大学中文系。

1955年　二十四岁

下半年选定古代文学为专业方向。被安排任胡小石先生的助教，辅导本科生（文学史、楚辞等课程），并随研究生听胡先生的《说文部首》、《甲骨文例》等课程，参加课堂外的教学活动，受益良多，笔记一直珍留。

* 想来，维森当年首选看来相对枯燥、艰深的先秦两汉文学为专业，特别是将楚辞作为研究重点，除了他本人的认识、知识积累等因素外，也与老师们的鼓励和默化潜移分不开。

在此期间，同时备"中国文学史"课。

1956年～1957年　二十五岁～二十六岁

1956年，学校决定暂时取消政治辅导员制度。从此可专职担任教师工作，"专心搞业务"了。

1957年，为本科生讲授"古代文学作品选"课程（其后于1958、1959年先后共三次开设此课程）。

同年母亲退职。在北京人民艺术剧院工作的维彬兄，将祖母和母亲接回北京家中一起生活。

1958年　二十七岁

中文系建立"写作教研室"，洪诚教授为主任，被安排兼任秘书。此后三次讲授"写作"课，包括作文批改。

* 该教研室除本系课程外，还承担文科各系，包括新闻专业的课程，任务繁重。同仁们齐心合力，不止一次受到校、系表扬。

《〈左传〉的思想内容与艺术方法》一文，发表于《教学与研究汇刊》1958 年 2 月。

＊此为维森发表的第一篇论文。

《李义山及其诗》、《跳出旧圈子》(署名 加林) 分别发表于《光明日报》副刊《文学遗产》7 月 20 日、10 月 19 日。

1959 年　二十八岁

继续担任“写作”课教学。

第一本著作《屈原与楚辞》(署名郭加林)于 1959 年 2 月由上海中华书局出版。

＊1959 年春节后，正月初七，维森将此书送呈胡小石先生指正。胡先生高兴地说：“有成绩了！”留用午餐，并赠其新年开笔墨宝。

5 月，加入中国共产党，为预备党员(预备期满后，于 1960 年转为正式党员)。

1960 年　二十九岁

继续担任教学工作。

3 月，《左联时期无产阶级革命文学》一书由江苏文艺出版社出版(该书是“大跃进”期间由中文系师生分工撰写，陈瘦竹教授主编)。维森担任其中“左联时期的散文”(重点为鲁迅和瞿秋白的散文)一节的撰写。

＊ 该书在“文革”期间被视为“大毒草”。1964 年毛泽东的有关谈话后，瞿秋白被定性为“革命叛徒”。1982 年中共十二大，为瞿秋白彻底平反。

作为《光明日报》副刊的通讯员，应副刊邀稿，撰写《古代作品的社会意义缩小了吗?》一文。4 月 10 日发表于《光明日报》副刊《文学遗产》。随后进行了相当范围的“讨论”(实为批判)。但后来不了了之。

* 针对“缩小论”,维森在该文中认为:从某种意义上,即其接受的广泛性、理解的正确性、价值的开拓性,表明,优秀的古代文学的社会意义非但没有缩小,反而是扩大了。文章强调要“分清文学遗产中的精华与糟粕”,“要发扬优秀的文化传统,要使古为今用”。其后在中文系关于该文的一次讨论会上,他发言说,对待古代文学作品,既要反对盲目崇拜、厚古薄今,也要反对盲目排斥的虚无主义。这应也是对一些所谓“复古思潮”、“为修正主义鸣锣开道”等批评言论的回答。(“文革”后有回忆文章肯定维森当年对“极左的文化虚无主义论调”的批评。)在当时复杂的形势下,年轻的维森感到迷惑时,本系一位可敬的前辈与领导语义深长地提示,“你呀,是想挽狂澜于既倒。”

“文革”后几十年的教学与科研工作中,维森继续坚持对古代文学的现代意义问题、对传承与弘扬优秀的古代文学问题进行理论探讨并努力实践。

1961 年~1962 年　三十岁~三十一岁

继续担任教学工作。

1961 年,评为讲师。

1962 年 10 月,所撰《屈原》(署名郭嘉林)一书由上海中华书局出版。

* 此书是在 1959 年所著《屈原与楚辞》的基础上扩展改写而成。至 1965 年 8 月曾先后三次印刷。

1963 年　三十二岁

讲授“古典文学史”课程,编写 20 万字的教学提纲,付油印。

《嵇康思想及其诗文的特色》一文发表于《南京大学学报》1963年2期。

＊ 这篇学术论文在“文革”中却被“上纲上线”，认为写“嵇康”，有为现时政治运动的对象鸣冤叫屈之嫌。再与1960年的所谓“扩大论”等联系起来，险被工作队认定为“反革命”。

祖母韩徽助在北京逝世，享年八十九岁(1874年5月16日～1963年)。祖母当年全力支持丈夫创业。在丈夫得病、儿子早亡、幼孙待哺之艰难中，与儿媳一同支撑起这失去顶梁柱的五口之家。晚年得享四世同堂。

1963年9月～1964年7月　三十二岁～三十三岁

在北京大学中文系进修一年。指导教师是楚辞研究专家游国恩教授。当时并选听了林庚、王力、吴组缃、陆宗达等先生的课程，并得参加教研室的业务讨论会等。

＊关于这次进修，维森说“学术上增长了见识，学到了许多知识和研究方法、教学方法”。

原计划在北大进修两年期间进行《楚辞学史》研究，后因“四清”和“文革”而中断。但其部分内容在他后来的教学、科研中均有体现或深化。

1964年～1965年　三十三岁～三十四岁

1964年10月，南大师生由校长匡亚明带队，赴江苏南通海安县参加“农村社会主义教育运动”(“四清”运动)，至1965年8月返校。

＊ 维森在一个小自然村担任工作队五人小组的组长。曾因小组清查“战果”不大而被批评、受队员埋怨。但最后证明坚持实事求是是正确的。

1965 年“四清”返校后，开设“古典文学史”课程。

兼任系主任助理。

1966 年 2 月～1966 年 6 月　三十五岁

1966 年 2 月，按照毛泽东 1965 年“七三”指示及高教部关于实施两种办学制度，“反修防修”的决定，文、史、哲三系由校长匡亚明带领，行军二百里，历时三天，赴溧阳开门办学（半工半读）。在溧阳分校，师生脱土胚、建校舍，仅在雨天安排上课。

＊维森作为一年级的分管教学的副大队长须与学生同吃、同住、同劳动。

6 月，《人民日报》社论《横扫一切牛鬼蛇神》发表之后，溧阳分校师生返回本校停课开展“文化大革命”，历时十年。

1966 年 10 月～1968 年 3 月　三十五岁～三十七岁

1966 年 10 月，大串连去北京。其间，适逢毛主席第八次接见百万红卫兵，掀起新一浪“文革”高潮。所见场面狂热。其后联想普希金《青铜骑士》长诗，对于偶像、权威给人的精神束缚，多所感悟（见维森的回忆录《逝水滔滔　心路遥遥》）。

1967 年夏，南京市两派“文攻武卫”，“备战”局势日益紧张。应同事之约，乘飞机去上海一游，后乘海船至大连看望老友，所到两地气氛与南京相同。之后乘火车回北京家中。

1968 年 3 月，在北京与顾学梅结婚。

1968 年～1970 年　三十七岁～三十九岁

1968 年在进行清理阶级队伍和开展“斗、批、改”运动的同时，4 月，去溧阳果园劳动。6 月，去安徽城西湖军垦农场麦收，随后参加建设长江大桥的劳动。9月,工宣队进驻学校,学校即由军工宣队双重领导。

1969年4月,去灵山挖煤。8月,整党。10月,按照林彪“一号命令”,疏散到溧阳农场,至1970年8月返校。

1970年初,按中共中央《三·二七通知》和《二·八决定》等部署,南京大学结合“一打三反”开展清查“五一六”运动,掀起“大检查、大揭发、大批判”的高潮。至1971年初,运动进入“深挖”。

1971年~1972年　四十岁~四十一岁

1971年初,被作为“五一六”一般成员隔离审查。本人坚持不作虚假“招供”,被称为“抗拒交代的顽固份子”。

*“审查”的做法是,听信个别人的“交代检举”来认定审查对象,以滚雪球方式扩大战果。“审查”中,实行批斗、施压、逼供,而不查证,不许申辩。

在审查期间,对于偶像、运动群众、忠诚等问题,多有困惑与思考(见《逝水滔滔　心路遥遥》一书等)。

*1971年“九一三”事件后,审查逐渐降温。维森仍处于半隔离状态,被安排与“走资本主义道路的当权派”匡亚明(原校长)同屋,除参加上面安排的活动外,各自读书学习。匡老的品质、修养令他颇受教益。

1972年~1975年　四十一岁~四十四岁

1972年,首届工农兵学员入学,其任务是“上大学、管大学、改造大学”。1973年秋,维森被安排随第二届工农兵学员先去苏州东山镇,后去钢铁联合企业“九四二四”开门办学。

1973年以后,全国开展“评法批儒”,中文系组成领导、工人、全体教师三结合的法家著作整理小组。维森在此期间,开设“古典文学讲座”课两次；撰写有关《红楼梦》文两篇、曹操《蒿里行》论文一篇，分别刊于《 新华日报》1973 年 12 月，《南京大学学报》1974 年 2 期、1975 年 3 期。

1976 年　四十五岁

1976 年，周恩来、朱德、毛泽东相继去世，10 月 6 日，粉碎了“四人帮”，十年“文化大革命”结束，历史翻开了新的一页。

1976 年 1 月 8 日周总理逝世后，举国同悲，人们不顾王、江、张、姚的禁令，以各种形式进行哀悼。南京大学师生决定 1 月 13 日在大操场举行追悼大会。维森以“五一六”待罪之身，毅然接受委托拟就挽联，后该联以大字悬于大会主席台两侧，颇能道出当时广大师生的心声：

晴天霹雳 泪洒长空 举国同悲擎天柱

革命终生 丰功伟绩 光辉永照后来人

1976 年 2 月～1978 年 6 月　四十五岁～四十七岁

奉教育部派赴朝鲜民主主义人民共和国“朝鲜外文出版社著作局”，做中文译本的校阅工作。全组三人，在二年多时间内完成校阅金日成著述译稿数十篇，长篇小说四部，大型歌剧三部，其它文章数十篇。朝方对小组表示感谢，认为速度快，质量高。

1978 年　四十七岁

6 月，由朝鲜回国。

9 月，开设“中国文学史”（魏晋部分）课程，并指导进修生。

10 月，评为副教授。

＊1978 年 10 月 20 日《新华日报》刊登我省高校文革后首次提升教授（76 名）、副教授（371 名）名单。

1979 年　四十八岁

开设“古典文学史”课程。

《屈原》(中国古典文学基本知识丛书)，由上海古籍出版社出版发行(1979 年 2 月)。此书对 1962 年版作了少量修改、补充，主要是针对长期争论的问题提出看法。

＊此书先后印数不下二十万册，有一定社会影响。郭在贻《近六十年来的楚辞研究》一文(《古典论丛》3 辑)，介绍多种比较重要的著作，维森此书亦列其中。1984 年 9 月，日译本《屈原》由日中出版社出版，安藤信広译(此译本，译者一直未与维森联系)。1986 年，台北新文丰出版公司《楚辞汇编》第九卷《屈原》，收明代以来二十三种著作，郭维森《屈原与楚辞》一书为其中之一(但署名为“本社编”)。

《文网史话》发表于《南京大学学报》1979 年第 2 期。文章回顾中国历史上的文祸，目的是以古鉴今，批判“四人帮”的文网密布，从而进一步解放思想。

2 月 19 日，“中共南京大学委员会”发出《关于郭维森同志“五一六”问题的平反决定》。决定说“南京大学的清查‘五一六’完全是一个假案、冤案”，“现在宣布为你平反，恢复名誉”。

＊维森蒙受不白之冤，九年后，方得昭雪。但清查“五一六”运动的许多问题仍是待解之谜。

春夏之交，一家三口由一间十二平米的蜗居迁入一套二居室，条件大大改善。

1980 年～1981 年　四十九岁～五十岁

为本科生和研究生开“楚辞”课和“古典文学史”课，并指导进修生二人。

《鲁迅研究文学史的观点和方法》一文，在光明日报副刊《文学遗产》1980 年第二期发表。文章从观点和方法的高度审视鲁迅对文学史的研究，从而加深了对其整体的把握。文章最后并强调，对文学遗产应作更全面具体的探讨，“解除其束缚，发挥其效益”。

《文网史札记》(一)、(二)发表于 1980 年《群众论丛》。该文可视为 1979 年发表的《文网史话》之续篇。

《读杜甫〈同诸公登北恩寺塔〉》一文发表于 1980 年 3 月《南京大学学报》。

1981 年 9 月，参加《文学遗产》编辑部在北京举办的“中国古代文学研究座谈会”。

1980 年 4 月，母亲病重，赶回北京伺候于病榻前。不久，母亲时储洁病逝，享年七十四岁(1906—1980)。

* 母亲二十四岁丧偶，为家庭、儿孙操劳一生，在生活开始好转时，却溘然长逝，令维森感到无限遗憾与悲痛。二十多年后，2006 年 3 月 21 日维森撰写《追悔与追念》一文，感念母亲的深恩与大爱，为自己无以回报遗憾终生。(见《零敲碎打集》)

1982 年　五十一岁

开“古典文学史”和“楚辞”课。

《〈易传〉的文学思想及其影响》一文发表于《南京大学学报》1982 年 2 期。

* 文章说，《易传》的哲学思想包含了某些文学观念。文章论析了《易传》中“象”、“变”、“文”、“辞”、“言与意”、“神”、“内容与形式”等文学思想及其对后世的影响。认为，只有将哲学与文学联系起来研究才能把文论史上的问题搞清楚，先秦时期尤其如此。

*《文学动态》(1984)评述:全文涉及面较广,把《易传》的文学思想,尤其是其文学思想对后世的影响等重要问题作了较深刻的说明。

*该文于 1985 年 2 月获江苏省人民政府颁发的哲学社会科学优秀成果三等奖。

《司马迁》一书,于 1984 年 4 月由江苏人民出版社出版。

*此书介绍司马迁和他的纪传体通史《史记》。指出《史记》是一部优秀的历史著作,同时又是一部优秀的文学著作,其影响是巨大而多方面的。

*学界评论:此书着力阐发了《史记》的文学成就,指出了《史记》不仅为后世创作提供了丰富的素材,在精神上和写作方法上更有着广泛的影响。与同类著作相比,这是《司马迁》一书独到之处。

6 月至 7 月,参加国家高教部全国统一高考命题。其后安排至湖南韶山滴水洞休息,并游岳阳、长沙。至全国高考后返校。

1983 年　五十二岁

开"古典文学史"课(本科生),共同指导硕士研究生五人。

《〈九歌·山鬼〉与望夫石传说》一文发表于《南京大学学报》1983 年 3 期。

*学界评论:此文将《九歌·山鬼》与古今望夫石的传说联系起来,"是一个人们意想不到的视角"。文章揭示出"山鬼"与"望夫石"二者感情相通,虽有神话传说的成分,但更多的则是现实生活的反映,同样具有深刻的意义。认为此文"论述坚实有力",是"大胆而谨慎,悬想而有据的探索"。

*《高等学校文科学报文摘》(1984)亦予以报导。

《鲁迅怎样评价屈原》一文发表于《文学遗产》增刊十五辑，1983年9月。

＊文章论述：鲁迅爱好屈原作品，他充分肯定屈原在文学史上的地位、作用，同时鲁迅也深刻指出屈原的局限性及其产生的原因。鲁迅论及屈原影响所及时，则客观地区分其各种不同情形。郭文最后说，鲁迅关于对待文化遗产的论述值得学习。

＊学界评论：文章对鲁迅的楚辞学说作了“全面、深入、独到的阐述与评判”。这与他对鲁迅和屈原都有较深入的研究，因而对课题有整体的把握是分不开的。

发表《白居易诗中的“卒章显志”》（南通师专《教学与研究》）。
发表《〈孔雀东南飞〉的艺术结构》（中华书局）。
发表《读李后主〈浪淘沙令〉》（人民文学出版社）。
发表短文两篇（《人民日报》副刊）。

在南京大学中文系作《论曹操诗文》的讲座报告。
8月，参加在大连举行的“辽宁省首届屈原学术讨论会”。

12月起，任南京大学中文系系主任。

1984年　五十三岁

开“楚辞研究”课（本科）。共同指导硕士研究生三人，参加指导博士研究生三人。

＊20世纪80年代以后，指导研究生的方向扩展到唐宋和先唐。

《论汉人对屈原的评价》一文发表于《求索》1984年第4期。

＊文章指出，汉代是“楚辞学”建立的时代，汉人对屈原作品的注释与评价，无不给予后世以巨大影响。文章较全面地分析论述

了汉代学者对屈原的评价，以及其中观点上的分歧。文章特别对扬雄、班固的观点，多所发掘。

＊学界评论：此课题是楚辞学史研究的重点之一，此文是新时期以来最先对此问题予以研究的文章。论述所及，几乎包含了整个汉代对楚辞研究的成果。文章不拘于前人既定的框架，观点精到，持论较稳重、平实。

＊又学界评论：郭文指出，班固本人对屈原的评价其实是自相矛盾的。郭文并分析了其矛盾产生的诸多原因。"这一精到之见"，多年后逐渐为学者重视和研讨。

《谈〈汉书·苏武传〉的表现方法》一文发表于《浙江电大教学》1984 年 6 期。

5 月，参加成都"屈原问题学术讨论会"。

继续担任中文系系主任工作。

1985 年～1986 年　五十四岁～五十五岁

开"楚辞研究"课。指导硕士研究生二人。

《从屈原创作的个性化论屈原之不容否定》一文发表于《南京大学学报》1985 年 2 期。

＊针对日本学者重提的"屈原否定论"，郭文论证中强调，屈原的诗篇，个性突出，不可代替，不可重复，只能是他一个人的创作。

＊学界评论：该文抓住"个性特征、个性化"这一关键，从相当广泛的范围予以论证，有＊破有立。文章内容、方法、结论等均有特殊价值，因而得到较大社会反响。

＊黄忠模著《现代楚辞批评史》，将此文作为"中国学者与日本学者讨论屈原问题的代表作"进行介绍，认为"论证翔实，说理透

彻，逻辑性强”。

＊文章发表后，中国人民大学《中国古代近代文学研究》全文复印收录。《文学研究动态》予以评介。《中日学者屈原问题论争集》收载此文。另有多种著作、文章对郭文进行摘录、介绍，给予肯定。

《且去发现一个浪漫主义的杜甫》一文发表于《草堂》1985 年 2 月。

＊文章说，杜甫是伟大的现实主义诗人，这已获普遍共识。而与其现实主义相结合，他的许多诗歌“包含了宏伟的理想、炽热的感情、奇幻的想象，因而具有浓烈的浪漫主义气息”，“总观杜甫的全部诗篇，我们就不难发现另一个杜甫——一个积极浪漫主义的杜甫。”

＊学界评论：此文及维森此后发表的《杜甫的赋》为富有新意之作。

发表《读阮籍〈咏怀诗〉（其十九）》、《读阮籍〈咏怀诗〉（其六十）》鉴赏文两篇（人民文学出版社）。

1985 年 6 月，参加湖北江陵“中国屈原学会”成立大会，当选为理事。

＊此前为“中国屈原学会筹备委员会”委员。其后，于 1990 年当选为“中国屈原学会”副会长。

1986 年 12 月，《古代文化知识要览》（郭维森、柳士镇、钱南秀主编）由湖南人民出版社出版。

＊该书于 1988 年 3 月获江苏省人民政府哲学社会科学优秀成果三等奖。

发表《嵇康》（山东教育出版社）。

发表《鲁仲连义不帝秦》（江苏文艺出版社）。

发表《〈诗经〉农事诗的艺术性》(人民文学出版社)。

撰写《老虎》一文,叙写抗日时期一条普通大黄狗挑战、厮杀、战败日军凶恶大狼狗的故事。

* 文章充满激情又不乏诙谐,是维森留下的为数不多的文艺性短文之一。(见《零敲碎打集》)

继续担任南京大学中文系系主任工作至1986年年底。

* 有老师评述维森三年系主任工作:“……提升了一大批中青年学术骨干,新建了两个博士点,恢复了新闻专业,开办文秘专修班,组建了校留学生部,……为中文系下一步发展打下坚实基础。”

1987年~1988年　五十六岁~五十七岁

1987年,指导硕士研究生三人,参加指导博士研究生一人。

2月,聘为南京大学中文系教授。

3月,聘为中国古代文学专业博士生副导师。

1988年,共同指导硕士研究生7人,参加指导博士研究生3人。

《屈原与庄周美学理想异同辨》发表于《南京大学学报》1988年1期。

* 学界评论:该文是新时期较早从美学角度将屈原和庄子联系起来进行比较研究的。文章从纯粹美、崇高美、和谐美三个角度将二者作比较。体现了对屈原精神、美学理想的推崇。

*《人民日报》及《人民日报海外版》作摘要报导。中国人民大学《中国古代近代文学研究》全文收录。

发表《〈远游〉读赏》(人民文学出版社)。

发表《刘向》(山东教育出版社)。

发表《屈原与但丁》(《南通师专学报》)。

应汉语大辞典出版社之约，担任《中国文学史大辞典·秦汉卷》主编，并于1988年7月18日签订《约稿协议》。

＊其后出版社计划改变，搁置出版。作者文稿由郭维森郑重保存于家中。其后至2010年与同事曾多方设法解决，先后与不同出版社商谈，均未能实现。编辑出版此书，成为维森二十多年未了的心事与心愿。

1988年6月，参加在湖南汨罗举行的“中国屈原学会”研讨会。

1989年～1990年　五十八岁～五十九岁

1989年共同指导硕士研究生6人。

发表阮籍《咏怀诗》（“昔年十四五”）鉴赏文（《汉魏晋南北朝诗鉴赏辞典》，山西人民出版社）。

发表顾贞观《金缕曲》赏析文（《金元明清词鉴赏辞典》，南京大学出版社）。

个人简介被载入《国际名人录》（澳洲及远东）第一版（英国剑桥1989年）。

1990年，开“楚辞”课。共同指导硕士研究生三人。

《怎样读先秦诸子散文》一文发表于《古典文学知识》1990年3期。

1990年6月，《中国文学史话》（郭维森、吴枝培主编）由南京大学出版社出版。

＊10月，《中国文学史话》获华东区大学出版社首届优秀图书二等奖。

发表阮籍《咏怀》（其十五）、（其三十一）鉴赏文两篇（《先秦汉魏六朝诗鉴赏辞典》，三秦出版社1990年6月）。

1990 年 5 月，在贵阳举行的“中国屈原学会年会”，当选为学会副会长 。

8 月，任江苏省人民政府哲学社会科学优秀成果第三次评奖之评选委员会委员。评奖活动至 12 月 17 日结束。

11 月，参加由南京大学主办的“唐代文学国际学术研讨会”。

1991 年　六十岁

指导硕士研究生二人，参加指导博士研究生二人。

《杜甫的赋》一文发表于《杜甫研究学刊》1991 年 1 期。

《〈战国策〉序跋中的古代文论》发表于《文史知识》1991 年 2 月。

1 月，与同事着手拟订《古文类选读本》选目。

5 月，参加湖南岳阳“国际屈原学术讨论会”。6 月，出席福建师范大学硕士研究生二人论文答辩。10 月，参加天津“屈原与传统文化讨论会”。11 月，参加浙江温州“谢灵运国际学术讨论会”并提交论文《〈山居赋〉及其它》。

1992 年　六十一岁

共同指导硕士研究生四人，参加指导博士研究生一人。

1992 年 9 月，《陶渊明集全译》（《中国历代名著全译丛书》之一，郭维森、包景诚译注）由贵州人民出版社出版。该《丛书》是中华人民共和国出版规划重点项目，并获“中宣部精神文明建设五个一工程奖”。

* 维森主要担任该书的诗、赋、文的今译，并撰写“前言”，论述

陶渊明思想、精神、人格及作品风格特点；辨析学界之分歧观点；综介历代研究成果，等。

＊有评论说，该书受到广大读者的喜爱。陶诗的今译，“思考细致，表达入微，又吟诵上口，颇能表达陶诗的韵味”。

＊1994 年 8 月，台湾地球出版社出版发行此书的繁体字本。

《屈原爱国主义思想的时代特征》一文，发表于《楚辞研究》(中国屈原学会论文集)(文津出版社，1992 年 9 月)。

＊针对否定屈原爱国思想，认为屈原的时代不可能产生爱国主义的论调，文章指出，此问题关系对屈原的基本评价和对于屈原所给予后世积极影响的确认。文章论述，屈原的爱国思想有其时代背景，体现了时代共同特征，又有着独特的内涵。文章由四个方面对此进行了论述。他认为，“可以这么说，秦始皇用武力从政治上统一了中国，而屈原则早已以他的诗篇，从思想上统一了另一个中国”。

＊文章发表后，《文汇报》予以报导。中国人民大学《中国古代近代文学研究》予以收录。并获学界关注与评述。

《〈九辨〉的性质以及〈高唐〉、〈神女〉诸赋的作者》一文发表于《南京大学学报》1992 年 1 期。

《古代文学中的风骚传统》论文，提交临汾学术会议。

＊文章论述，风骚传统在文学创作和文学理论、文学批评方面都发挥了巨大的作用。

发表《国殇》、《载驰》二鉴赏文(南京大学出版社)。

发表文学家小传《枚乘》(江苏古籍出版社)。

1993 年　六十二岁

开“古代文学”课(作家班)。

指导硕士研究生二人，参加指导博士研究生三人。参加博士研究生答辩工作。

《中国辞赋发展史》(合作)于 4 月定稿、付梓。

《〈史记〉的文学特点》一文提交黄山"第五届全国《史记》学术会议"。

10 月,获中华人民共和国国务院颁发的"政府特殊津贴"证书。

1994 年　六十三岁

开"楚辞研究"课。讲授"两汉经学"专题课。

指导学年论文一人,毕业论文一人。

6 月,主持研究生三人论文答辩。5 月,参加博士生一人论文答辩。

作《读〈太史公研究〉》(代序)(《太史公研究》,赵生群著,陕西人民出版社)。

作《许浑研究》序(《许浑研究》,李立朴著,贵州人民出版社)。

《屈原名字说》发表于《中国屈原学会第六届年会论文集》。

《〈山居赋〉及其它》发表于《中国山水的艺术精神》(学林出版社)。

短文一篇发表于《人民日报》副刊。

6 月,参加湖北江陵"中国屈原学会年会"。

6 月 23 日,到芜湖出席安徽师范大学博士研究生答辩会。

12 月,在南京师范大学《弘扬传统文化座谈会》作发言(《扬子晚报》予以报导)。

1995年　六十四岁

指导研究生论文、开题报告等。

5月,《风韵高标的楚辞》(郭维森、包景诚著)由辽宁古籍出版社出版发行。

*针对当时一些论文认为屈原为巫、屈原作品为巫歌的看法,该书特别强调了屈原与诸子思想观念的异同比较。意在说明屈原同样是有崇高理性精神的,不可能是一个带有原始神秘色彩的巫师。(见郭维森《论文自选集》141页。)

8月,《古代文化基础》(郭维森、柳士镇主编)由湖南岳麓出版社出版。

4月,出席南京师范大学二位研究生论文答辩会。

1月17日,在江苏省广播电台"午间时空"作《古代文学与民族精神》报告。

2月14日,收到退休通知(时年六十三岁半)。

6月,赴敦煌、新疆旅游。

1996年　六十五岁

参加五名硕士研究生论文评审及答辩。出席二位博士研究生答辩。

8月,《中国辞赋发展史》(郭维森、许结著)由江苏教育出版社出版。

＊该书是“国家教委社科基金资助项目”之一(郭维森主持)。于1997年12月获江苏省人民政府哲学社会科学优秀成果三等奖。

＊据学界所言,该书已成为新时期中国辞赋史研究的标志性作品。学界文章评介,此书体现出郭维森辞赋研究的成就与思想。

《〈离骚〉之骚》一文发表于《荆州师专学报》(社会科学版)1996年6期。

＊《离骚》篇名的解释,历来分歧很大。此文论证,《离骚》的“骚”应是心情震荡不宁之意。学界评论:该文体现了作者治学的特点,论述全面,见解独到。

5月,参加南京师范大学三位研究生论文评审及答辩。

9月,参加山西太原“西游记学术研讨会”。

11月,参加宜昌“中国屈原学会研讨会”。

7月19日,确诊患“原发性青光眼”,眼压波动大,作保守治疗。7、8月胸痛多次,惜未予重视。

1997年 六十六岁

指导三位硕士研究生论文。出席四位硕士研究生、三位博士研究生论文评审及答辩。参加六位博士研究生开题报告会。

《〈庄子·渔父〉篇发微》发表于《阜阳师范学院学报》1997年1期。

作《〈惠栋评传〉序》(《惠栋评传》,李开著,南京大学出版社)。

3月,为扬州大学研究生评审。5月,参加福州师范大学博士研究生评审。

1 月，参加“未来旅游学术委员会”活动。

12 月，《中国辞赋发展史》获江苏省政府哲学社会科学优秀成果三等奖。

1998 年　六十七岁

《常研常新　永驻辉煌》一文发表于台湾《中国国学》第二十六期(1998 年 11 月)。

* 文章副标题是“我与楚辞结缘的经过与心得”。此文可视为维森几十年楚辞教学、研究的一个阶段性小结。

《屈原评传》(中国思想家评传丛书之一)由南京大学出版社出版发行。

* 本书论述了屈原的文学业绩，更着重分析了屈原在中国思想文化发展史上的突出贡献、巨大影响，乃至在传统文化史上的重要地位。书中先对屈原作出历史定位，对其思想分析则通过对比，发现其时代共性和独特内涵。对于楚辞研究中一些异说纷纭的问题，多采用介绍众说，并加本人分析的方法，以便进一步开展研究。此书可视为维森四十年楚辞研究的集大成。

* 学界评论，此书为“体大思精的学术专著”。

* 学界评论，该书“在屈原研究的一系列重要问题上进行评述，介绍了古今研究的大量信息、问题的来龙去脉，实际上是将楚辞学史的内容分散到各个专题之中。而在此基础上，(并通过纵向、横向的比较)提出自己的见解，则尤有稳妥可信之感”。该书在继续深化其楚辞学史的研究外，又开辟了若干新课题，列入第六章。

* 学界评论，此书把文学家和政治家屈原，置于战国百家争鸣的时代背景下，突出楚国文化和中原文化同中有异的特点，从而勾勒出楚国士人屈原追求美政、怀疑天命和积极入世的思想轮廓。

发表屈原《招魂》鉴赏(含今译)(上海辞书出版社)。

撰写《瓦尔登湖畔的中国风》（见《零敲碎打集》）。

2月24日，在南京鼓楼医院接受青光眼手术。左眼失明。

1999年　六十八岁

参加二位硕士研究生的评审与答辩。

《读〈史记·五帝本纪〉札记》一文发表于《南京社会科学》1999年2期。

《胡小石先生的楚辞研究》一文发表于《东南文化》。

发表《大招》鉴赏文（巴蜀书社）。

发表《江与船》、《风雨石浮桥》回忆文（镇江《京江晚报》）。

1999年4月，《古文类选读本》（郭维森审订）由南京大学出版社出版。

* 此古代文学教材共分六大类162篇。以其注重分析比较、注重培养思考能力、涵盖面广等特色，受到好评。

* 据同事回忆文：维森提出此教材编写思路，并“为此作了充分准备和细致的安排，甚至对选篇也有周到的考虑”。教材“就按郭先生的思路……进行撰写”。

* 教材撰写出版历经九年。维森参与具体工作如：1991年1月始，拟定篇目、做题解、审读和整理稿件及校样、校书等，至2000年9月结束出版后的事宜，等。至于个人名份，他没有提及只字。

1月11日—13日，出席“思想家评传与传统思想文化学术讨论会”。

8月6日，女儿欢雪与刘钧在苏州举行婚礼。

9月12日，六十八岁生日，为祝贺，一家三口在“哈罗哈”晚宴并拍照留念。此后女儿远在国外，再无机会回来祝寿。

春秋季，随众先后游浙江嵊泗、安徽天柱山、徐州等地。次年撰写《天柱山雨中游》一文。

2000年　六十九岁

评审博士生论文一份。

《王延寿及其梦赋》发表于《南京大学学报》2000年1期。

* 文章考据了王逸、王延寿父子生平，并评论王延寿之《梦赋》，认为此赋堪称史上第一篇不怕鬼的故事。

* 学界评论说，文章论证《梦赋》的虚构艺术及创作思想根源，彰显了《梦赋》的赋史价值。该文于1988年在南京举办的“国际辞赋学术研讨会”上，受到会议评讲人美国某汉学家的高度评价。

《学苑奇峰——文史学家胡小石》（郭维森编，江苏省哲学社会科学界联合会主编）由南京大学出版社2000年4月出版发行。

* 维森除担任此书编者，并在书中撰写有《胡小石先生传略》和《胡小石先生的楚辞研究》等文，深深怀念恩师。

5月24日—27日参加在香港中文大学举行的“屈原研究国际研讨会”，为专题主讲嘉宾之一。作了题为《〈离骚〉求女情节的来龙去脉》的报告。

在会议的讨论发言中阐述：优秀的传统文化具有强大的民族凝聚力和生命力。并列举屈原精神，说明其在当今社会仍有现实意义，应大力弘扬。

5月28日—30日访问华南师范大学，在广州师范学院作报告。

《天地之性人为贵——一个人文主义的命题》一文发表于《阜

阳师范学院学报》。

＊文章论述了先秦《孝经》提出的这一命题产生的根源，以及历代所作的多种阐发。此命题从“天人合一”的思想角度来肯定人的尊贵性。它包含着追求理想的意义，起到激励民主精神的作用。当今更强调“人”的贵重，作为一个高贵的“人”，应自重而且重人。

9月，撰写札记《孔子出身之谜》（见《零敲碎打集》）。

个人简介载入《中华英才荟萃》（2000年8月）。

3月，送女儿欢雪赴美。

5月上旬，去上海参观上海博物馆和浦东新区。

2001年～2002年　七十岁～七十一岁

2001年4月，受湖北省人民政府学位委员会聘为博士学位授予权单位评估及重点学科建设验收专家，赴武汉湖北大学参加评审等工作。

2002年，南京大学建校百年纪念。

5月23日，在逸夫馆报告厅作《国学大师胡小石》报告（该文发表于《古典文学知识》2002年第二期）。

回忆院系调整文章《从四牌楼到天津路》载《南京大学报》。

《屈原对真、善、美统一境界的追求》一文发表于《光明日报》。

《划破惊涛万顷多——读郭影秋同志旧体诗》一文发表于《郭影秋纪念文集》（南京大学出版社）。

发表陈子龙词鉴赏文三篇，项廷纪词鉴赏文一篇（上海辞书出版社）。

6月，聘为“中国屈原学会”顾问。

8月，游览即将蓄水的大小三峡，不胜依依。并游神农架、黄鹤楼等处。

2003 年　七十二岁

《陶渊明的牧歌与悲歌》一文发表于《南京师范大学学报》2003年第 2 期。

《屈原的文化精神》一文发表于《中华文化与艺术》2003 年第一期。

＊文章阐述屈原文化精神的主要内容时，着眼于与诸子思想进行比较，以突出其特点（自选集 141 页语）。文章并见引于《东方诗魂》一书。

《回忆胡小石师》一文发表于《金陵书坛四大家》（南京出版社出版，2003 年 9 月）。

撰写短文《鸡笼山上的大声》：1500 年前，南朝范缜在南京鸡笼山为其所著《神灭论》观点坚持抗辩，震古铄今。文章建议将此处作为历史文化遗迹加以纪念。

撰写《吐痰的历史与现状》：追溯春秋至明清散见之有关吐痰的记叙，分析国人随地吐痰的社会原因，提出根除陋习的建议。（以上两文见《零敲碎打集》。）

6 月 18 日，原中文系老同事刘锦病逝于镇江，终年八十一岁（1922～2003）。

＊刘锦于 1957 年被打成右派下放不知何处二十年有余，终生未娶。1978 年落实政策，分配镇江师专任副教授。2005 年，维森写《悼刘锦》文并诗，载于《南京大学报 · 南苑》第 365 期（所忆刘锦“文革”初期的鸣放文章题目与网上所载不同）。

10 月 27 日，参加老年运动会团体操表演，在宿舍楼下，妻为他拍运动照，红衣白裤白鞋，双臂上下侧举，迎向日出，精神矍铄。

2004 年　七十三岁

《杜诗新解二则》发表于《杜甫研究学刊》。

发表项廷纪《水龙吟·秋声》鉴赏文(上海辞书出版社)。

评审《嵇康评传》(《中国思想家评传》之一,童强著)。

5 月,参加三江学院教材讨论。

9 月,参加系“大事纪”讨论。

10 月 16 日,参加建系九十周年大会。

4 月,游天目湖。10 月,游常州。

2005 年　七十四岁

撰写《诗思与哲思》书稿。

撰写《古代文学的现代意义》文。

5 月,撰写《二十四 ? 图》一文,认为流传的“二十四孝图”中,一些有悖人情、违背科学、宣扬因果报应等的故事被当作传统美德“孝”来宣扬,而历史上一些可举为真孝的事例却并未入选。这更说明必须区别传统文化中的精华与糟粕(见《零敲碎打集》)。

5 月 24 日,堂兄维庚病逝,赶赴镇江吊唁。

＊维森与堂兄自幼兄弟情笃,后堂兄参加地下党工作。

10 月 28 日,叶子铭教授病逝。撰写《忆子铭》并诗,沉痛悼念五十余年的挚友、同事。

11 月 28 日起,胸痛、腰痛,翻身、起坐困难约一个月。诊断为严重骨质疏松,引致压缩性骨折。

当年 9 月 23 日—10 月 15 日去北京探望兄嫂。自 11 月骨病发生后,即很少远行。

2006年　七十五岁

《诗思与哲思》一书由贵州人民出版社出版发行 。

＊此书前言说：中国古代，诗歌与哲学一开始就是共生的，古代诗歌，一定意义上说是传统文化精神的体现。该书选取了两汉以下，包含“理语”、“理趣”，“诗思”与“哲思”相得益彰的好诗一百七十余首，给以注释和说解，由优美的诗歌中感悟其精彩闪光的哲理。此书体现了维森几十年古代文学教学、科研的学术积淀，及对宇宙、人生的思考和感悟。如他扉页所言“我思故我在　我在故我思　人生重感悟　生死两由之”。

＊学界评论：该书从思想和艺术两个方面进行说解，“古今连通，中西对比，既‘增人感’，又‘启人思’”，是其晚年之力作。

＊有学友来信说：“先生之书正是为后人提供阅读欣赏古代这一类诗歌一把极好的钥匙！谢谢先生，也替广大青年读者谢谢先生！”这应是对维森最好的褒奖和慰藉了。

《古代文学的现代意义》一文发表于《阜阳师范学院学报》（社科版）。

＊文章论述，在文化传统中，最活跃、最具影响力的，首推文学。古代文学之精品是“民族文化、民族精神的重要传承”。文章由四个方面阐述优秀的文学遗产对现代思想文化建设的积极作用。强调说，“我们有义务保护、发扬优秀的传统文化”。这也是他在六十年的教学、科研和文化普及工作中努力践行的。后来他的论文自选集的书名便取自此篇。

＊学界评论说，此文阐明古代文学的独特价值和现代意义，其目的是继承、弘扬我们民族古代文学的精华，构建我们民族的新文化。郭先生的古代文学研究始终与时代的进步、新文化的建设联系在一起。并由此产生了“文化使命感”。这篇文章是理解和把握先生“学术精神和价值追求的一把钥匙”。

8月,撰写《风狂雨骤读鲁迅》一文。文章说,“文革”中的许多现象,其实鲁迅早已有过批判。读鲁迅,常读常新。(见《零敲碎打集》)。

5月22日,撰写《读〈莹山示儿语〉》一文,介绍郭氏家训之精粹于今仍有参考价值者。

3月,出席三江学院之旅游学院成立仪式;6月,出席“求雨山文化名人纪念馆胡小石纪念馆”开馆仪式;9月,出席“思想家评传整体完成大会”,中央领导陈致立、孙家正等出席大会。

12月25日开始,骨痛再次出现,未能参加系举办的除夕活动。

2007年　七十六岁

11月,《图说中国文化基础》(郭维森、柳士镇主编)由新世界出版社出版。该书由十多位著名专家合作撰写,涉及近二十个门类,凡四十万言。

*学界评论说,该书全方位诠释中华五千年之文化,是一部融学术性、趣味性、审美性、普适性为一体的基础读物。是知识深度与文化趣味完美融合的文化精品。

*又有评论说,在教学备课中“深切体会到,有分量而又适合青年学生口味的,还是这本书”。

*维森在该书的前言中强调:“悠久的传统文化塑造了我们民族的性格,铸成了我们民族的精神”。并指出,“(优秀的)传统文化树立了民族文化的主体地位,确立了吸取、融合外来文化的基础”,它更是“发展民族新文化的逻辑起点”和“必要条件”。从而坐标式地表示出优秀传统文化的地位、意义、作用。

*维森认为普及工作是传承和弘扬祖国文化的重要部分,曾表示“我很愿意从事这种普及工作”,能为此“贡献微薄之力,在我是很高兴的”(见《论文自选集》138页)。他也是这样践行的。他

撰写了多种普及优秀古代文学的书籍、文章和“以古鉴今”的短文，并合作主编多本中国文化的普及书籍(参见郭维森著作目录及《零敲碎打集》等)。

《辞赋的医疗作用》一文发表在《古典文学知识》。

10月，作《〈淬勉斋诗集〉序》(《淬勉斋诗集》，臧正民著，中华诗词出版社)。

镇江家人告知，镇江市人民政府公布“郭礼徵旧居”为文物保护单位，并加以修葺。

12月24日，患带状疱疹，幸无大碍。欣然参加系举办的除夕活动。

2008年　七十七岁

5月12日，惊闻四川汶川大地震，十分关心，并捐款。

8月，中国首次举办奥运会，为此感到振奋，为中国的成就祝贺。

《司马迁》(中国思想家评传简明读本)由南京大学出版社出版(2008年10月)。

*《司马迁》日译本，(日)横田隆志译，由日本北陆大学出版会、南京大学出版社出版(2010年6月)。

《司马迁》中英文版，(澳)杨国生、爱博译，由南京大学出版社出版(2010年7月)。

9月，《陶渊明集全译》再版。

5月17日开始，骨痛再次发生，吃药、注射、理疗多法并用，7月以后渐好转。其间，仍陆续撰写回忆录。《图说中国文化基础》寄来的稿费只能连同字数统计表，交请同事分发。

2009 年　七十八岁

身体状况下降。

＊胸背痛和憋气感发展到七月开始憋喘，8 月 7 日诊断为间质性肺炎，并告以无特效药，寿命不长。家人紧张求医，而维森表现镇定、冷静。在配合治疗的同时照常读写，只是更加抓紧了。

《大烟囱的故事》连载于《大众文学》2009 年第 4、5、6 期。

＊故事记叙了“大照电气公司”艰难创业、曲折发展的历程。反映了郭氏家族当年的创业史，也折射出现代中国民族工业的一段兴衰历程。写作中，“文”与“史”关系的掌控应是颇费思量的。

7 月，写成《理想之光——读〈礼记·礼运〉篇》（见《零敲碎打集》）。

＊文章说，《礼记·礼运》篇以“天下为公”的原始社会为基础，构想了“大同”的理想。这理想在中国思想史上不时散发出耀眼的光华。近代以来洪秀全、康有为、孙中山等的思想主张都与《礼运》篇精神一脉相承。共产主义理想也与之相叠合。

9 月，回忆录《逝水滔滔 心路遥遥》一书撰写完成。

＊此前 2 月份撰写完成了关于“文革”中清查“五一六”的回忆录《噩梦醒来是晴天》。6 月，有人委婉地对这种题材表示，当前提倡“和谐”，过去的事不提了，也讲过了，巴金的主张人们未必赞成……维森想：“今我不述，后人何闻焉？”（陶渊明语）他坚持写成《逝水》一书，与《噩梦》文一并寻得出版社付梓，留予后人，以史为鉴。

＊有评论说，此书“是将历史进程的客体世界，与心事浩茫的主体世界紧密结合”，“将‘伟大而荒唐’的时代如实记录下来，这本身就是对历史使命的自觉担当。历史的真实，经验的总结，教训的反思……将一代精英知识分子的天良之心的搏动，写得严肃、大

气、义愤、深切,并极尽‘明白人’的幽默、讽刺……”

*有文章说,他的“心路”途程遥远,没有走完,有待继续追求、探索。

11月,腰背疼痛发作,断断续续查材料、撰写完《不欺其志》一文(见《零敲碎打集》)。

文章说,“志”因时代、因人而异,而这种“百折不挠,不计成败,奋斗不息的精神,是我们民族的优良传统”。它在古代许多仁人志士的思想、行为中得到诠释,并且为后代所传承弘扬。

3月,女儿、女婿回国探亲,来去匆匆。维森被确诊间质性肺炎后,女儿于9月再次回国探望。

2010年　七十九岁

腰、胸痛,呼吸急促,大便干、稀不规则等症状缠绵,服用多种中西药品。1月份开始租住电梯楼二居室,免爬六楼之累。4月份开始使用制氧机吸氧。

编辑三本书,并联系印刷、出版。6月中旬交付稿件后,《逝水滔滔　心路遥遥》于10月出版,《古代文学的现代意义(论文自选集)》和《零敲碎打集》于10月和11月相继出书。

*《古代文学的现代意义》一书为论文自选集。诚如此前学人所评,维森的教学、科研体现出的治学精神及特点,一是古代文学研究目的明确,就是要传承、弘扬民族文化,为建设发展民族新文化服务;二是视野宽广,研究中呈现出古今中外、文史哲多维观照、立体透视的优势;三是角度求新,并与严谨科学的态度相结合。

*《零敲碎打集》是包括探讨、杂感、鉴赏、诗文几个部分的自选集。许多短文为以古鉴今之作,这是他关注社会现实、弘扬民族优秀文化的使命感使然。到了晚年,撰写这类短文更成了他生活的重要内容。

上述三本书出书期间，并撰写《请勿“暴殄天物”》等短文两篇、诗一首。

＊回想这一年多来，在重病的折磨中，在死亡阴影的威压下，他除了编撰上述三本书，还写短文，探讨“大同”的传统理想(《理想之光》)，赞扬“不欺其志”的民族传统精神，呼唤良好的社会风尚……维森啊，难道真有什么比病痛、比死亡更强大？

6月中旬，与湖南文艺出版社联系《大辞典(秦汉卷)》出版之事(未果)。

6月、7月，《司马迁》日译本和中英文版相继出版。

应作者之请，作《〈五千汉字百日通〉序》(江苏科技出版社出版)。

9月10日，文学院举办祝贺维森八十寿辰活动，安排了仪式、座谈、晚宴，亲切又隆重。出席的有本院、系师生，有本市的老同学，还有由外地赶来的校友。

＊会上维森讲话中说：“如果说中文系是百年老店，我就是这百年老店的小伙计。”道出了他对六十一年与之风雨同舟的中文系的无限深情。不料这竟是他最后的表达。这祝寿活动给予他的精神慰藉，深深留在他的心中，直到他病重呼吸困难时，家属提及此事鼓励他坚持住，他还露出了会心的表情。

2011年　八十岁

身体日渐衰弱，呼吸不畅，骨痛。

2月6日，开始写《论隔阂》短文，至4月13日写完。

4月4日，写诗歌《樱花赞》。

3月以来，(吸着氧)断断续续撰写有关当前“尊孔读经”问题、有关比较孔子与孟子思想学说的文章。4月25日上午在桌前写了一会后，无奈躺到床上，说：“唉，写不动了！……”从此搁笔。

＊那天妻将所写关于维森的诗《他》、《报国同》读给病卧床上的维森听，他说：“评价高了。”妻说：“只是写实情(无所谓评价)。”他听了《画像》诗，莞尔一笑。没料到，这竟是夫妻最后一次心灵的沟通。

4月底开始腹泻,查便无菌。5月初联系好省人民医院住院,而本人想在家用药调治。延至5月22日,为调治肠胃,入住省中医院。不料病情急转直下,加以院内病区交叉感染,施药矛盾、失当。转院至省人民医院急救中心,竟致不治。8月7日下午5时12分在雷雨交加中离世。

*维森生前留有遗嘱:“遗体捐赠”,“骨灰不保留”,“不开追悼会”。并希望在他的告别书上写:“郭维森辞世时向大家告别,祝同志们朋友们幸福愉快。”

8月8日南京大学成立的治丧小组发布“著名文史专家、南京大学文学院教授郭维森同志”的讣告,8月11日在南京十字岗殡仪馆举行小型遗体告别仪式。本地、外地亲友、同事、同学闻讯赶来沉痛送别。校党委副书记和亲友等分别致悼词。家属发送《代郭维森告别书》。9月20日,骨灰安葬于南京“功德园”公墓。这一年维森的生日恰逢中秋节,所选他的墓号倾注了亲人的无限思念。尔后年年明月夜,能得人间天上共婵娟?

顾学梅

2013年6月30日

后 记

随着《纪事》,我们踏寻了维森八十年的人生足迹,感受他的思想与情感、他的努力与追求。这踏寻是粗线条的,但“一叶一乾坤”,它有助于了解那段激烈变动的历史岁月,有助于了解那一代肩负承前启后责任的知识分子群。《纪事》的撰写,除依据维森所遗留的各种材料外,又蒙各方帮助汇集资料,文中并对学界、友人评论多所引用,在此一并深致谢忱。由于水平和资料所限,不当或不足之处,敬请指正。

郭维森妻　顾学梅

2013年6月30日

郭维森教授著作目录

一 专著

1.《屈原和楚辞》(署名郭加林),中华书局,1959 年 2 月。(台北新文丰出版有限公司《楚辞汇编》收入,1986 年。)

2.《屈原》(署名郭嘉林),中华书局,1962 年 10 月(此书至 1965 年 8 月共三次印刷)。

3.《屈原》,上海古籍出版社,1979 年 2 月。

《屈原》日译本,安藤信広译,日中出版株式会社出版,1984 年 9 月。

4.《司马迁》,江苏人民出版社,1982 年 4 月。

5.《古代文化知识要览》,郭维森、柳士镇、钱南秀主编,湖南人民出版社,1986 年 12 月。

6.《中国文学史话》,郭维森、吴枝培主编,南京大学出版社,1990 年 6 月。

7.《陶渊明集全译》,郭维森、包景诚译注,贵州人民出版社,1992 年 9 月。

《陶渊明集全译》繁体字本,台湾地球出版社,1994 年 8 月。

8.《风韵高标的〈楚辞〉》,郭维森、包景诚著,辽宁古籍出版社,1995 年 5 月。

9.《古代文化基础》,郭维森、柳士镇主编,岳麓书社 1995 年

8月。

10.《中国辞赋发展史》(国家教委社科基金资助项目之一,郭维森主持),郭维森、许结著,江苏教育出版社,1996年8月。

11.《屈原评传》(中国思想家评传丛书),南京大学出版社,1998年12月。

12.《古文类选读本》,郭维森(审定),南京大学出版社,1999年9月。

13.《学苑奇峰——文史学家胡小石》,郭维森编(江苏省哲学社会科学界联合会主编),南京大学出版社,2000年4月。

14.《诗思与哲思》,贵州人民出版社,2006年12月。

15.《图说中国文化基础》,郭维森、柳士镇主编,新世界出版社,2007年11月。

16.《司马迁》(《中国思想家评传》简明读本),南京大学出版社,2008年10月。

《司马迁》日译本,(日)横田隆志译,北陆大学出版会、南京大学出版社,2010年6月。

《司马迁》中英文版,(澳)杨国生、爱博译,南京大学出版社,2010年7月。

17.《古代文学的现代意义》(论文自选集),2010年10月。

18.《逝水滔滔　心路遥遥》(署名嘉林),中国国际文化出版社,2010年10月。

19.《零敲碎打集》,2010年11月。

二　学术论文

1.《〈左传〉的思想内容与艺术方法》,《教学与研究汇刊》,1958年2月。

2.《李义山及其诗》(署名加林),《光明日报》副刊《文学遗产》,1958年7月20日。

3.《跳出旧圈子》(署名加林),《光明日报》副刊《文学遗产》,

1958年10月19日。

4.《左联时期的散文》(南京大学中文系编《左联时期无产阶级革命文学》之部分),江苏文艺出版社,1960年3月。

5.《古代作品的社会意义缩小了吗?》(署名加林),《光明日报》副刊《文学遗产》308期,1960年4月10日。

6.《严监生与葛朗台老头》,《雨花》,1961年6月。

7.《嵇康思想及其诗文的特色》,《南京大学学报》,1963年2期。

8.《用阶级斗争的观点阅读〈红楼梦〉》(署名戈嘉树),《新华日报》,1973年12月3日。

9.《豪门鹰犬的典型——贾雨村》,《南京大学学报》,1974年2期。

10.《反对分裂割据的战斗诗篇——蒿里行》,《南京大学学报》,1975年3期。

11.《文网史话》,《南京大学学报》,1979年2期。

12—13.《文网史札记》(一)、(二),《群众论丛》,1980年。

14.《论鲁迅研究文学史的观点和方法》,《文学遗产》1980年2期,中华书局,1980年9月。

15.《读杜甫〈同诸公登慈恩寺塔〉》,《南京大学学报》,1980年3期。

16.《大家都是花花面吗?》,《群众》,1981年1月。

17.《〈易传〉的文学思想及其影响》,《南京大学学报》,1982年2期。

18.《痴人前不得说梦》,《人民日报》,1983年。

19.《我孰与城北徐公美》,《人民日报》,1983年。

20.《〈九歌·山鬼〉与望夫石的传说》,《南京大学学报》,1983年3期。

21.《谈白居易诗中的"卒章显志"》,《教学与研究》(南通师专),1983年4月。

22.《论曹操的诗文》,南京大学中文系"古代文学讲座",

1983年。

23.《读李后主〈浪淘沙令〉》,《唐宋词鉴赏集》,人民文学出版社,1983年5月。

24.《鲁迅怎样评价屈原》,《文学遗产》增刊第十五辑,中华书局,1983年9月。

25.《缜密完整天衣无缝——〈孔雀东南飞〉的艺术结构》,《文史知识》,中华书局,1983年12月。

26.《论汉人对屈原的评价》,《求索》,1984年4月。

27.《鲜明对比 步步升华——谈〈汉书·苏武传〉的表现方法》,《浙江电大教学》,1984年6月。

28.《从屈原创作的个性化论屈原之不容否定》,《南京大学学报》,1985年2期。又见:《中日学者屈原问题论争集》,黄中模,山东教育出版社,1990年。

29.《且去发现一个浪漫主义的杜甫》,《草堂》,1985年2月。

30—31.《读阮籍〈咏怀诗〉》(其十九)、(其六十),《汉魏六朝诗歌鉴赏集》,人民文学出版社,1985年7月。

32.《一部颇有新意的著作——读〈史记艺术美研究〉后序》,《吉林师范学院学报》,1986年2期。(《史记艺术美研究》,宋嗣廉著,东北师范大学出版社,1985年9月。)

33.《鲁仲连义不帝秦》,《古文鉴赏辞典》,江苏文艺出版社,1986年7月。

34.《〈诗经〉农事诗的艺术性》,《诗经鉴赏集》,人民文学出版社,1986年10月。

35.《嵇康》,《中国古代著名文学家》,山东教育出版社,1986年。

36.《刘向》,《中国历代著名文学家评传》,山东教育出版社,1988年。

37.《〈远游〉读赏》,《楚辞鉴赏集》,人民文学出版社,1988年1月。

38.《屈原与庄周美学思想异同辨》,《南京大学学报》,1988

年 1 期。

39.《屈原与但丁》,《南通师院学报》(社会科学版),1988 年 3 期。

40.《咏怀诗》(“昔年十四五”)(阮籍),《汉魏晋南北朝诗鉴赏词典》,山西人民出版社,1989 年 3 月。

41.《金镂曲》(顾贞观),《金元明清词鉴赏辞典》,南京大学出版社,1989 年 4 月。

42.《怎样读先秦诸子散文》,《古典文学知识》,1990 年 3 期。

43—44.《咏怀》(其十五)、(其三十一)(阮籍),《先秦汉魏六朝诗鉴赏辞典》,三秦出版社,1990 年 6 月。

45.《杜甫的赋》,《杜甫研究学刊》,1991 年 1 期(总第 27 期)。

46.《〈战国策〉序跋中的古代文论》,《文史知识》,1991 年 2 期(总第 116 期),中华书局。

47.《〈九辨〉的性质以及〈高唐〉、〈神女〉诸赋的作者》,《南京大学学报》,1992 年 1 期。

48.《载驰》(许穆夫人),《爱国主义诗词鉴赏辞典》,南京大学出版社,1992 年 5 月。

49.《国殇》(屈原),《爱国主义诗词鉴赏辞典》,南京大学出版社,1992 年 5 月。

50.《枚乘》,《江苏历代文学家》,江苏古籍出版社,1992 年 6 月。

51.《古代文学中的风骚传统》,临汾“中国屈原学会学术研讨会”论文,1992 年 8 月。

52.《屈原爱国主义思想的时代特征》,《楚辞研究》(中国屈原学会编),文津出版社,1992 年 9 月。

53.《中国辞赋的历史走向与审美观点》(合作),《文学研究》(第三辑),南京大学出版社,1993 年。

54.《〈史记〉的文学特点》,“全国《史记》学术会议”(第五届)论文,1993 年 10 月。

55.《读〈太史公书研究〉》(代序)(《太史公书研究》,赵生群著,陕西人民出版社),1994 年 3 月。

56.《屈原名字说》,《中国屈原学会第六届年会论文集》,1994 年 5 月。

57.《〈山居赋〉及其他》,《中国山水的艺术精神》,学林出版社,1994 年 6 月。

58.《铜臭与书香》,《人民日报》,1994 年 7 月 8 日。

59.《〈许浑研究〉序》(《许浑研究》,李立朴著,贵州人民出版社),1994 年 12 月。

60.《〈离骚〉之"骚"》,《荆州师专学报》,1996 年 6 期。

61.《庄子〈渔父〉篇发微》,《阜阳师范学院学报》,1997 年 1 期。

62.《〈惠栋评传〉序》(《惠栋评传》,李开著,南京大学出版社),1997 年。

63.《常研常新 永驻辉煌》,《中国国学》第二十六期,台湾中国国学研究会编印,1998 年 11 月。

64.《招魂》(屈原),《先秦诗鉴赏辞典》,上海辞书出版社,1998 年 12 月。

65.《读〈史记·五帝本纪〉札记》,《南京社会科学》,1999 年第二期(总第 100 期)。

66.《胡小石先生的楚辞研究》,《东南文化》,1999 年增刊。

67.《大招》,《楚辞欣赏》,巴蜀书社,1999 年 8 月。

68.《王延寿及其〈梦赋〉》,《南京大学学报》,2000 年 1 期。

69.《天地之性人为贵——一个人文主义的命题》,《阜阳师范学院学报》,2000 年 5 期。

70.《〈离骚〉求女情节的来龙去脉》,香港"屈原研究国际研讨会"论文,2000 年 5 月。

71.《国学大师胡小石》,《古典文学知识》,2002 年第 2 期(总 101 期),江苏古籍出版社。

72.《划破惊涛万顷多——读郭影秋同志旧体诗词》,《郭影秋纪念文集》,南京大学出版社,2002 年 4 月。

73.《屈原对真、善、美统一境界的追求》,《光明日报》,2002 年 5 月。

74—77. 陈子龙《诉衷情·春游》、《谒金门·五月雨》、《江城子·病起春尽》,项廷纪《三犯渡江云》,《元明清词鉴赏辞典》,上海辞书出版社,2002 年 12 月。

78.《屈原的文化精神》,《中华文化与艺术》,2003 年 1 期。

79.《陶渊明的牧歌与悲歌》,《南京师范大学文学院学报》,2003 年 2 期。

80.《回忆胡小石师》,《金陵书坛四大家》,南京出版社,2003 年 9 月。

81.《杜诗新解二则》,《杜甫研究学刊》,2004 年 4 期(总第 082 期)。

82.《水龙吟·秋声》(项廷纪),《古诗文鉴赏辞典》(下),上海辞书出版社,2004 年 5 月。

83.《古代文学的现代意义》,《阜阳师范学院学报》,2006 年 4 期。

84.《辞赋的医疗作用》,《古典文学知识》,2007 年第 3 期(总第 132 期)。

85.《〈淬勉斋吟稿〉序》(《淬勉斋吟稿》,臧正民著,中华诗词出版社),2008 年。

86.《大烟囱的故事》,《大众文学》,2009 年 4、5、6 期。

87.《〈五千汉字百日通〉序》(《五千汉字百日通》,蓝之中著,江苏科学技术出版社),2011 年 4 月。

顾学梅整理

2013 年 6 月

附录二

讣　告

中国共产党党员，著名文史专家，南京大学文学院教授郭维森同志，因患特发性间质性肺炎，多方求治无效，于 2011 年 8 月 7 日 17 时 12 分在南京逝世，享年 80 岁。

郭维森同志 1931 年 9 月 12 日出生于江苏省镇江市，1950 年考入国立南京大学中文系，1953 年提前毕业留校任教，历任助教、讲师、副教授、教授，1995 年退休。曾担任过南京大学中文系系主任、中国屈原学会副会长，获国务院授予的政府特殊津贴。

郭维森教授毕生从事中国古代文学的教学与研究，除培养了一大批杰出人才外，其研究成果也十分丰硕，尤其在先秦至唐代文学研究方面，造诣精深，出版了《屈原》、《屈原评传》、《司马迁》、《中国辞赋发展史》(合作)、《诗思与哲思》等多部著作，并主编多部中国文化史的著作，发表各类学术文章五十余篇，在国内外学术界有很大影响。其著作多次荣获“华东区高校优秀图书”、“江苏省哲学社会科学优秀成果”等奖项。郭维森教授的生平、成就也被列入多种国内外名人传记、辞典。

郭维森教授一生为人正直、坦荡，其道德文章深得广大教师和学生的敬重。任南京大学中文系系主任期间，更为中文系的建设、发展做出了突出贡献。郭维森教授的不幸逝世，是中国古代文学界、南京大学的重大损失，也使我们失去了一位可敬的长者与同事，我们深感悲恸。

遵照郭维森教授遗愿，丧事一切从简。

郭维森教授安息吧！

南京大学郭维森教授治丧小组
2011年8月8日

治丧小组名单：

组　长：张异宾　　　　**副组长：**杨　忠

成　员(按姓氏笔画排列)：

丁　帆、王志林、王耀南、王恒明、刘重喜、吕效平、邹亚军、陆　林、武秀成、姚　松、徐兴无、莫砺锋、郭随平、程章灿、董　晓

治丧小组联系电话：025－83593393　传真 025—83309703

告别辞

各位亲友、各位老师、各位同学：

今天我们怀着沉痛的心情在这里为中国共产党党员，著名文史专家，文学院教授郭维森同志送行。郭维森老师因患特发性间质性肺炎，多方求治无效，于 2011 年 8 月 7 日 17 时 12 分在南京逝世，享年 80 岁。

郭维森同志 1931 年 9 月 12 日出生于江苏省镇江市，1950 年考入国立南京大学中文系，1953 年提前毕业留校任教，历任助教、讲师、副教授、教授，1995 年退休。曾担任过南京大学中文系系主任、中国屈原学会副会长，获国务院授予的政府特殊津贴。

郭维森教授毕生从事中国古代文学的教学与研究，为祖国培养了一大批优秀人才，为学术做出了丰硕的研究成果，郭先生在中国古代文学尤其是先秦至唐代文学研究方面，造诣精深，出版了《屈原》、《屈原评传》、《司马迁》、《中国辞赋发展史》、《诗思与哲思》等多部著作，并主编过多部中国文化史的著作，发表各类学术文章五十余篇，在国内外学术界有很大影响。其著作多次荣获“华东区高校优秀图书”、“江苏省哲学社会科学优秀成果”等奖项。他的生平、成就也被列入多种国内外名人传记或辞典。

郭维森教授对祖国对人民、对南京大学始终怀着一颗赤子之心，勤奋工作，业绩彪炳。为人光明磊落，坦荡诚恳。其道德文章深得广大教师和学生的敬重。任南京大学中文系系主任期间，更为中文系的建设、发展做出了重要贡献。退休之后，仍然笔耕不辍。这些都为我们后来人做出了光辉的典范。郭维森教授的不幸逝世，是中国古代文学界、南京大学的重大损失，也使我们失去了一位可敬的长者与同事，我们深感悲恸。

郭维森教授安息吧！

南京大学郭维森教授治丧小组
2011年8月8日

学友代表管仁福致悼词

我是南京大学的学生，1989 年至 1992 年我在南京大学中文系攻读古代文学硕士研究生，郭先生是我的授业导师。研究生毕业后我一直和郭先生保持联系，经常聆听先生的教诲……追思往昔，先生音容宛在；悲伤今日，先生魂归道山。先生为人谦和敦厚，治学严谨求新，育人其言蔼如，诲人不倦。先生为人、治学、育人都是学生人生的楷模。天高地厚，师恩难忘；斗转星移，师德永存。先生安息，英灵千古！（向郭先生遗像鞠躬）

2011 年 8 月 11 日

代郭维森告别书

郭维森因数年来患特发性间质性肺炎，经多方求治无效，于二〇一一年八月七日下午五时十二分平静离世。

郭维森一生曾经历关系民族存亡的抗日战争，也亲历了新中国的曲折成长，晚年有幸看到民族的振兴，他知足了。

郭维森向南京大学告别：

他自十八岁进入南大，从此学于斯、教于斯、工作于斯、老于斯。他深爱着自己一生与之紧密相连的南大，感谢南大对他的培养与关爱，给予他师承名师的机会，给予他报效祖国的平台。衷心祝愿南大蒸蒸日上。

郭维森向亲朋好友告别：

在他一生的八十年间，时时沐浴在您们浓浓的亲情与友情之中，受到您们的帮助和激励。他怀着无限感激与眷念离开您们。深深地祝您们幸福、快乐！

郭维森把自己八十年的音容笑貌和努力留在了人间。那就是他——一个勤奋、多思、正直、善良又有些倔犟的人。他曾在这个世上轻轻地走过。他尽力了。

告别了！

按照郭维森本人的嘱告，后事从简，骨灰撒入祖国江河大地（现在除女儿郭欢雪要求留一小部分骨灰带在身边）。

谢谢大家！

郭维森家属　学梅携女欢雪、婿刘钧代致

二〇一一年八月八日

路漫漫其修远，维森（爸爸、小爸），在你新的求索路上，走好！我们的心将永远陪伴着你。

郭维森家属　送别

二〇一一年八月八日

【附】

南大教育网文学院版主为《代郭维森告别书》加前言

郭维森同志是我校文学院教授、著名文史专家。郭维森一生光明磊落，两袖清风，辛勤耕耘，诲人不倦，为我校的教学、科研作出了重要贡献。近日，郭维森同志的亲属在我校小百合BBS文学院版发表了《代郭维森告别书》，情真意切、感人至深，读来令人唏嘘不已。现将此文转发至此，以告慰郭维森同志的英灵。

《代郭维森告别书》"小百合"跟帖选

发信人：知言

知足者常乐，尽力者忠诚，从简者伟大。

发信人：老实人

世由毫来，一笔挥就文豪，写尽心路遥遥；
学领赋域，七发要言妙道，坐观逝水滔滔。

参加郭维森教授告别仪式及致电吊唁者名录

外地外单位友人：

李立朴（贵州出版集团）
缪礼治（岳麓书社）
杜玉俭（广州大学人文学院）
丰家骅（江苏第二师范学院）
黄文虎（南京市江宁区）
周　明（江苏第二师范学院）
张宜迁（江苏电视台教育频道）
穆克宏（福建师范大学中文系）
宋嗣廉（北华大学）
肖泽民（中国人民大学）
汪　敏（海军工程大学）
张　辉（中央广播电视大学）
管仁福（中国矿业大学文法学院）
田慧贞（天津师范大学）
朱宏仪（东南大学）
汤淑敏（江苏省社科院文学研究所）
李宗长（新华日报经济处）
蔡雁彬（南京航空航天大学人文学院）
戚其章（山东省社科院历史研究所）
陆颖华（北京大学）
陈庆男（天津师范大学）

南京大学友人暨在宁学友：

杨　忠　任利剑　姚　松　包忠文　周勋初　吴新雷
王立兴　吴翠芬　吴枝培　许惟贤　朱家维　贾平年
鲁国尧　董　健　杨子坚　莫砺锋　武秀成　赵宪章

徐兴无　俞士玲　许　结　张育英　李　开　吴正岚
程章灿　巩本栋　赵　益　严　杰　董　晓　王恒明
张伯伟　曹　虹　徐有富　胡有清　王维中　佘　慧
胡　豪　左　健　陈晓燕　汤以闻　张林华　高　明
祁　杰　龚秀芬　陈允济　陈唯唯　王学富　孙　文

郭维森的亲属：

郭维彬　马茹英　携　郭南　程维　郭晴　赵仲宁　全家
周乾　叶燕萍　携　周鹰　周鹏　全家
周怀谷　周亦男　携　周喆　全家
刘明珍　携　郭燕文　刘丽文　全家
郭维钦　李淑勤　携　郭军　及全家
时钟敏　携　郭强强　郭壮壮　全家
顾学华　王昌一　携　王晓阳　王晓钢　全家
顾学荣　携　顾梅　全家
马国栋　姚士俊　携　马经诚　马经杰
潘建森　马经纬　携　潘云斐　林棻
王昌又　刘令嫕　携　王宗江　王宗敏
刘根富　俞贞美　携　刘苏　李中洋
郭一娟　郭维锦　郭维义　王月琴　程中孚

（遵照维森的丧事从简遗愿及时间原因，还有许多亲友、同业未能及时驰告，深以为歉。）